Janet Stadelmeier

Einfache Förderideen für zu Hause

Elterninformationen und Übungstipps zum Kopieren und Weitergeben für die sonderpädagogische Förderung

Die Autorin

Janet Stadelmeier arbeitet als Förderschullehrerin in Braunschweig. Ihr derzeitiges Arbeitsfeld ist die Förderung von Schülern mit sonderpädagogischem Unterstützungsbedarf an inklusiven Grundschulen. Dabei konzentriert sie sich in besonderem Maße auf kleinschrittige Lernprozesse von Schülern mit Lernschwächen.

Gedruckt auf umweltbewusst gefertigtem, chlorfrei gebleichtem und alterungsbeständigem Papier.

1. Auflage 2021
© 2021 PERSEN Verlag, Hamburg
AAP Lehrerwelt GmbH
Alle Rechte vorbehalten.

Das Werk als Ganzes sowie in seinen Teilen unterliegt dem deutschen Urheberrecht. Der Erwerber des Werkes ist berechtigt, das Werk als Ganzes oder in seinen Teilen für den eigenen Gebrauch und den Einsatz im Unterricht zu nutzen. Die Nutzung ist nur für den genannten Zweck gestattet, nicht jedoch für einen weiteren kommerziellen Gebrauch, für die Weiterleitung an Dritte oder für die Veröffentlichung im Internet oder in Intranets. Eine über den genannten Zweck hinausgehende Nutzung bedarf in jedem Fall der vorherigen schriftlichen Zustimmung des Verlages.

Sind Internetadressen in diesem Werk angegeben, wurden diese vom Verlag sorgfältig geprüft. Da wir auf die externen Seiten weder inhaltliche noch gestalterische Einflussmöglichkeiten haben, können wir nicht garantieren, dass die Inhalte zu einem späteren Zeitpunkt noch dieselben sind wie zum Zeitpunkt der Drucklegung. Der PERSEN Verlag übernimmt deshalb keine Gewähr für die Aktualität und den Inhalt dieser Internetseiten oder solcher, die mit ihnen verlinkt sind, und schließt jegliche Haftung aus.

Illustrationen: Illustrationen: Katharina Reichert-Scarborough (Covergrafik, Kopf S. 17, 19, 21), Barbara Gerth (Haus S. 22), Tanja Schnagl (Zaun S. 22)
Fotos: Janet Stadelmeier
Satz: Typographie & Computer, Krefeld
ISBN: 978-3-403-20765-8

www.persen.de

Inhaltsverzeichnis

Vorwort 4
Hinweise für Elterngespräche 5

1. Basisfähigkeiten
    Die Stifthaltung 6
    Stifthaltung und Schreiben bei Linkshändern 8
    Konzentration 10
    Feinmotorik 12
    Visuelle Wahrnehmung 14

2. Deutsch
    Phonologische Bewusstheit 16
    Buchstabenkenntnis 18
    Synthese 20
    Erstes Lesen 22
    Tägliches Lesen 24
    Lernwörter 28
    Diktate 30

3. Mathematik
    Basisfähigkeiten Mathematik 32
    Zahlen und Mengen bis 10 34
    Zahlzerlegungen bis 10 36
    Rechnen bis 10 38
    Zahlen und Mengen bis 20 40
    Rechnen bis 20 42
    Zahlen und Mengen bis 100 46
    Rechnen bis 100 48
    Einmaleins 52

Anhang
    Vorlage 1: Üben bis zur 10 56
    Vorlage 2: Üben bis zur 20 57
    Vorlage 3: Üben bis zur 100 58
    Vorlage 4: Hunderterfeld 59

Vorwort

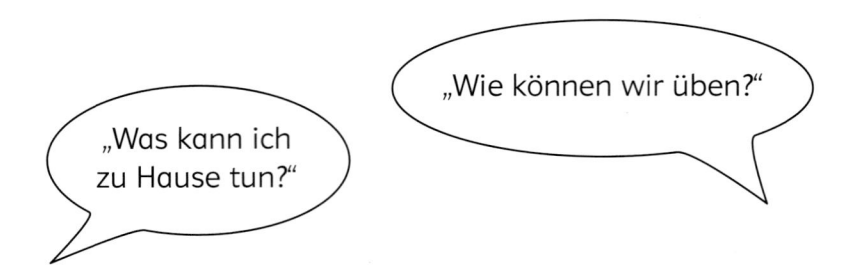

„Was kann ich zu Hause tun?"

„Wie können wir üben?"

Diese oder ähnliche Fragen kennen vermutlich die meisten Lehrkräfte aus Gesprächen mit Eltern. Auch meine Grundschulkolleginnen und -kollegen sind schon häufiger mit der Frage an mich herangetreten, welche Tipps sie den Eltern mit auf den Weg geben können.

So sehr man sich über die Bereitschaft der Eltern freut, zu Hause mit dem Kind zu arbeiten, so groß ist auch die Sorge, dass vielleicht etwas „Falsches" gelernt oder dass zu viel Druck auf die Kinder ausgeübt wird.

Viele Lehrkräfte kennen die Situation, dass ein Kind meint: „Aber Mama und Papa haben mir das so erklärt!" Und dann werden z. B. Aufgaben im Zahlenraum bis 100 schriftlich „untereinandergerechnet". Ein Verständnis für die Rechenoperation und die dahinterstehenden Mengen kann so nicht entwickelt werden. Wie schnell ist man als Lehrkraft dann geneigt, zu urteilen und die Augen über die „unfähigen Eltern" zu rollen …

Um dem vorzubeugen, halte ich es für wichtig, den Eltern eine Anleitung zum Üben an die Hand zu geben und sie wertschätzend als wichtige Unterstützer im Lernprozess ihrer Kinder zu sehen. Erfahrungsgemäß sind die meisten Eltern darüber sehr dankbar!

Das vorliegende Buch beinhaltet eine Sammlung an Übungsmöglichkeiten für Eltern. Es ist dafür gedacht, ihnen auf einfache Art und Weise Übungs- und Förderideen für zu Hause an die Hand zu geben. Entstanden ist es aus der jahrelangen Arbeit als Sonderpädagogin an Grundschulen. Es ist nicht nur für Kinder mit sonderpädagogischem Förderbedarf geeignet, sondern durchaus auch für alle Kinder einsetzbar. Die Sammlung beinhaltet Anregungen, mit denen kreativ umgegangen werden kann. Eine Garantie auf Vollständigkeit kann verständlicherweise nicht gegeben werden.

Janet Stadelmeier

Hinweise für Elterngespräche

Grundlagen für ein gelingendes Elterngespräch sind gegenseitige Wertschätzung und Offenheit ohne Vorurteile. Sie als Lehrkräfte sind sicherlich Experten für Lernprozesse – die Eltern aber sollten als Experten für ihr Kind und seine Eigenarten angesehen werden. Niemand kennt das Kind so gut und schon so lange wie die Eltern. Diese erleben ihr Kind zudem in einer ganz anderen Umgebung als wir Lehrkräfte in der Schule. Das häusliche Lernen und Üben muss im häuslichen Umfeld funktionieren. Situationen aus der Schule können nicht „eins zu eins" auf das häusliche Lernen übertragen werden. Machen Sie den Eltern Mut zum Ausprobieren und Kreativwerden. Wichtig ist, dass diese gemeinsam mit ihrem Kind einen Weg zum Üben finden, der für ihre Situation und ihre Familie funktioniert.

Folgende Grundprinzipien können dazu beitragen, dass das Üben zu Hause gelingt:

- Schaffung einer positiven Lernatmosphäre ohne Streit und Zwang
- kürzere Lerneinheiten, dafür aber möglichst täglich, eventuell ritualisiert
- Beteiligung der Eltern als „Lernpartner" (Aufgaben z. B. abwechselnd stellen)
- kreativer und spielerischer Umgang mit den Übungen

Die Förderideen der vorliegenden Sammlung können zielgerichtet als Kopien an Eltern gegeben werden. Dies sollte im Idealfall im Rahmen eines gemeinsamen Gespräches geschehen. Besprechen Sie als Lehrkraft mit den Eltern die Übungen und geben Sie Materialien mit, die Sie auch in der Schule z. B. als Rechenhilfe nutzen.

Machen Sie deutlich, dass die Förderideen als Anregung dienen und nicht der Reihe nach abgearbeitet werden sollen.

Für jedes Thema gibt es die Förderideen in einer ausführlichen Version (Version A) sowie angepasst und teilweise gekürzt in sogenannter „Leichter Sprache" (Version B). Texte in Leichter Sprache sind für Menschen mit Behinderungen oder Lernbeeinträchtigungen sowie für Menschen mit geringen Deutschkenntnissen gedacht. Wählen Sie vor dem Elterngespräch mit Bedacht aus, welche Version Sie den Eltern als Kopie zur Verfügung stellen. Sind Sie sich unsicher, wie gut z. B. die Deutschkenntnisse der Eltern sind, halten Sie beide Versionen bereit und lassen Sie die Eltern selbst wählen.

Die Stifthaltung – Anregungen zur Förderung für zu Hause

Richtige Stifthaltung:

Der **Mittelfinger** liegt gekrümmt UNTER dem Stift. **Daumen und Zeigefinger** halten den Stift rechts und links etwa auf gleicher Höhe und sind auch leicht gekrümmt. Die Finger halten den Stift dabei ganz entspannt mit leichtem Druck.

Wichtig: Versuchen Sie, spielerisch mithilfe der genannten Ideen und häufiger Erinnerung Ihr Kind an die neue Stifthaltung zu gewöhnen. Zwingen Sie Ihrem Kind die richtige Stifthaltung nicht auf! Mit Druck und Zwang erreicht man im schlimmsten Fall eine Abneigung gegen das Schreiben.

Ausmalbilder

Bieten Sie Ihrem Kind Ausmalbilder mit häufigen Farbwechseln an, zum Beispiel Mandalas. Jedes Mal, wenn ein Stift neu aufgenommen wird, achten Sie auf die korrekte Haltung. Noch mehr Spaß macht diese Übung, wenn Ihr Kind die nächste Farbe mit einem Farbwürfel würfelt.

Flugzeug

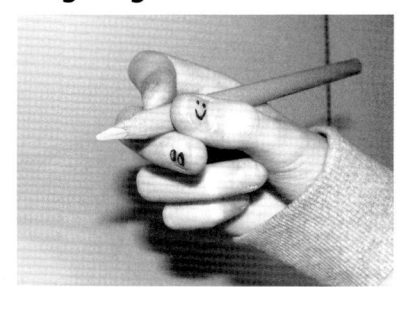

Die Stifte sind „Flugzeuge" und wollen von einem „Flughafen" zum anderen fliegen. Das Kind nimmt einen Stift nach dem anderen und lässt ihn – in korrekter Haltung – durch den Raum fliegen und landen. Dabei bildet der Mittelfinger das Fahrwerk (UNTER dem Flugzeug!). Zeigefinger und Daumen sind Pilot und Co-Pilot und sitzen oben auf dem Stift.
TIPP: Bemalen Sie die Finger! Der Mittelfinger bekommt Räder aufgemalt, Zeigefinger und Daumen jeweils ein Gesicht.

König und Königin

Kinder lieben goldene, silberne und glitzernde Stifte. Kaufen Sie einen solchen besonderen Stift, dieser ist nun der „Thron". Der Mittelfinger muss unter dem Thron (Stift) liegen, denn er ist der Teppich. Zeigefinger und Daumen sind König und Königin. Beide sitzen nebeneinander AUF dem Thron (Stift).
TIPP: Malen Sie auf Zeigefinger und Daumen eine Krone. Schaffen Sie besondere Schreibgelegenheiten für diesen Stift: ein Brief an die Oma, ein Namensschild für die Zimmertür …

Verschiedene Stifte

Nutzen Sie verschiedene Stifte und probieren Sie mit Ihrem Kind die Haltung aus: dicke und dünne Buntstifte, Wachsmalstifte, Filzstifte etc. Im Schreibwarenladen gibt es ergonomisch geformte Stifte und Schreibhilfen (Stifthalter) zum Aufstecken. Lassen Sie sich beraten und lassen Sie Ihr Kind probieren!

Die Stifthaltung – Anregungen zur Förderung für zu Hause

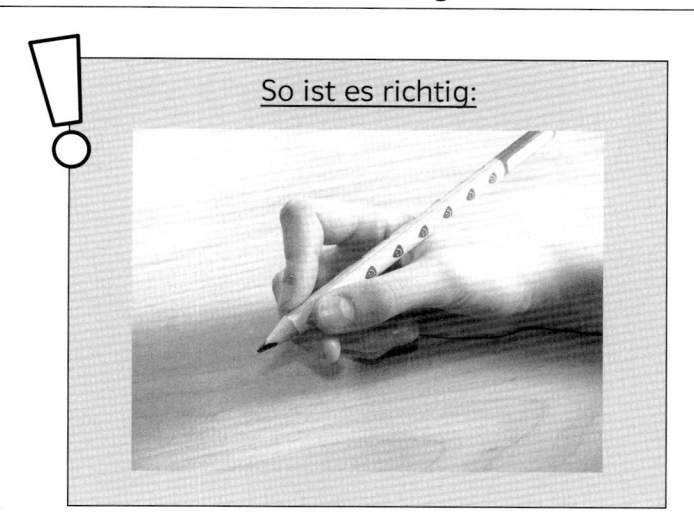

So ist es richtig:

So können Sie zu Hause mit dem Kind üben:

Bilder malen

Das Kind soll viele Farben benutzen.

Flugzeug spielen

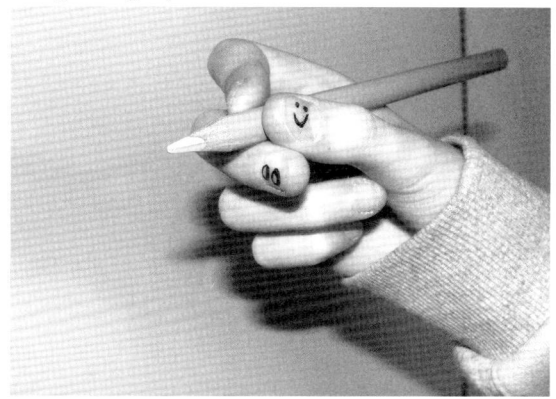

Der Stift ist ein Flugzeug.
Das Kind fliegt damit durch den Raum.

König und Königin

Der Stift ist der Thron.
Der Daumen ist der König.
Der Zeigefinger ist die Königin.
Nur König und Königin sitzen auf dem Thron (Stift).

Stifthalter

Im Laden gibt es Stifthalter zu kaufen.
Probieren Sie die Stifthalter mit dem Kind aus.

Version B

Stifthaltung und Schreiben bei Linkshändern – Hinweise für zu Hause

Ihr Kind ist Linkshänder, das heißt, es schreibt wie ca. 10–15 % aller Menschen mit der linken Hand.
Beim Schreibenlernen bitten wir Sie, ein besonderes Augenmerk auf die Haltung Ihres Kindes und den Schreibfluss zu haben.

Richtige Stifthaltung:

Der **Mittelfinger** liegt gekrümmt UNTER dem Stift. **Daumen und Zeigefinger** halten den Stift rechts und links etwa auf gleicher Höhe und sind auch leicht gekrümmt. Die Finger halten den Stift dabei ganz entspannt mit leichtem Druck.

Schreibposition

Ihr Kind legt das Schreibheft nach rechts gedreht vor sich. Die rechte Hand hält das Heft fest.
Die linke Hand schreibt nun in einer **schiebenden Bewegung**, dabei befindet sich die Hand immer **unterhalb** des Geschriebenen!

Manchmal schreiben Linkshänder von oben mit einer Art „Hakenhand". Dabei verkrampft zum einen die Hand recht schnell, zum anderen besteht die Gefahr, das Geschriebene mit der Hand zu verwischen.

TIPP: Im Handel gibt es Schreibunterlagen für Linkshänder, die die genaue Position des Heftes und der Hände deutlich machen.

Ergänzende Hinweise

- Achten Sie beim Schreiben zu Hause darauf, dass Ihr Kind mit dem linken Arm genug Bewegungsfreiheit hat (zum Beispiel am Schreibtisch).
- Das Licht sollte möglichst von rechts auf das Heft fallen.
- Schneidet Ihr Kind auch mit links? Dann benötigt es eine spezielle **Linkshänderschere**.

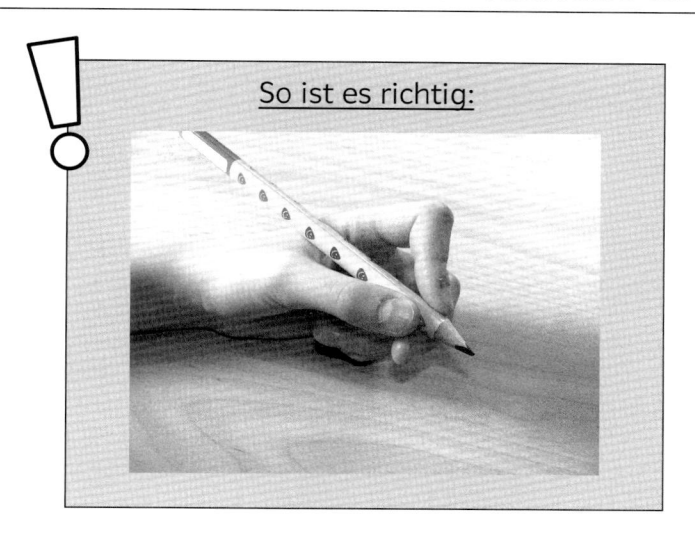

Stifthaltung und Schreiben bei Linkshändern – Hinweise für zu Hause

So ist es richtig:

Ihr Kind schreibt mit der linken Hand. Das ist wichtig:

Das Heft ist nach rechts gedreht.
Die rechte Hand hält es fest.
Die linke Hand schreibt von unten.

So ist es falsch.

Im Laden gibt es Unterlagen
für Linkshänder zu kaufen.

Schneidet das Kind mit links?
Dann braucht es eine
Linkshänder-Schere.

Version B

Konzentration – Möglichkeiten zur Förderung für zu Hause

> Beobachten Sie, welche Tätigkeiten Ihr Kind gern und lange macht: Baut es gern mit Steckbausteinen? Malt es kreative Bilder? Es KANN sich dort also konzentrieren! Heben Sie das Ihrem Kind gegenüber hervor. Beginnen Sie bei neuen Aufgaben mit einer kurzen Zeit und steigern Sie dann die Dauer.

Ruheinseln
„Ruheinseln" im Alltag lassen Ihr Kind entspannen und fördern so die Konzentration. Gemeinsame Ruhe finden Sie zum Beispiel durch Kuscheln und Vorlesen. Eine Kuschelecke im Kinderzimmer lässt Ihr Kind allein zur Ruhe kommen, dabei kann es Bücher anschauen/lesen oder ein Hörspiel hören.

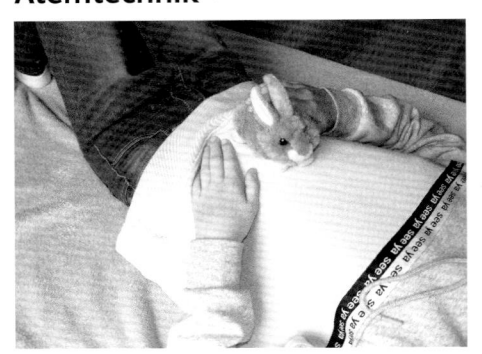

Atemtechnik
Fünf oder zehn tiefe bewusste Atemzüge können Ihrem Kind helfen, zur Ruhe zu kommen, und sorgen zum Beispiel vor den Hausaufgaben für mehr Konzentration.
Für eine weitere Übung legt sich das Kind auf den Rücken und setzt sich ein Kuscheltier auf den Bauch. Nun atmet es tief in den Bauch, ein und aus, sodass sich das Kuscheltier bewegt.

Ruhige Beschäftigungsangebote
Bieten Sie Ihrem Kind ruhige Beschäftigungen an wie Ausmalbilder, Malen nach Zahlen, Bastelarbeiten, Puzzle oder Rätselblöcke. Für die beliebten Bügelperlen gibt es mittlerweile unterschiedliche Vorlagen für Mädchen und Jungen. Auch Bauen mit Steckbausteinen fördert die Konzentration. Besonders gern hören viele Kinder bei diesen ruhigen Beschäftigungen Musik oder Hörspiele.

Gemeinsame Spiele
Gesellschafts- und Kartenspiele stehen bei Kinder hoch im Kurs und auch Erwachsene haben daran Spaß. Nebenbei fördern sie auch die Konzentration und Ausdauer. Auf Flohmärkten, in Secondhand-Läden oder über Kleinanzeigen findet man häufig gut erhaltene Spiele und Puzzles für kleines Geld. Einige Büchereien bieten auch Spiele zum Ausleihen an.

Haus- und Gartenarbeiten
Lassen Sie sich helfen! Gemüse schneiden, Brombeeren pflücken, Wäsche falten, Nägel einschlagen – das machen die meisten Kinder gern und üben sich so in Ausdauer, Geschicklichkeit und Konzentration. Nebenbei tragen sie einen Teil zum Haushalt bei und erfahren Wertschätzung.

Hausaufgaben
Für die Hausaufgaben benötigt Ihr Kind genügend Platz an einem Tisch. Sorgen Sie für eine ruhige Atmosphäre und schalten Sie den Fernseher aus. Manchen Kindern hilft ruhige Hintergrundmusik oder auch Kaugummikauen.
Probieren Sie, mit einer Eieruhr zu arbeiten: fünf Minuten schreiben, dann eine kurze Bewegungspause, anschließend wieder fünf Minuten schreiben. Steigern Sie die Arbeitszeiten.
TIPP: *Vielleicht können Sie auch in der Zeit etwas am Tisch arbeiten? Schaffen Sie eine ruhige, gemeinsame Arbeitsatmosphäre. Kleinere Geschwister können nebenbei malen oder kneten.*

Konzentration – Möglichkeiten zur Förderung für zu Hause

Wichtig:
Ihr Kind soll lernen, sich zu konzentrieren.
Starten Sie eine Übung mit 5 Minuten.
Wenn das gut klappt, kann die Zeit länger werden.

Atmen

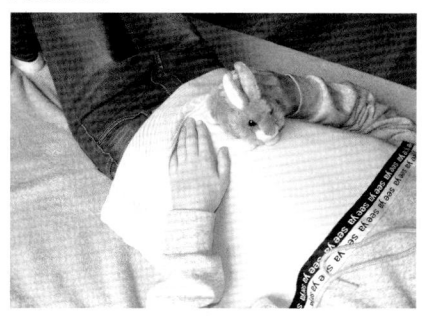

Das Kind liegt.
Ein Kuscheltier sitzt auf dem Bauch.
Das Kind atmet tief und ruhig.

Ruhige Spiele

Ruhige Spiele sind wichtig:
malen oder Puzzle legen,
Bügelperlen und basteln.

Kuschel-Ecke

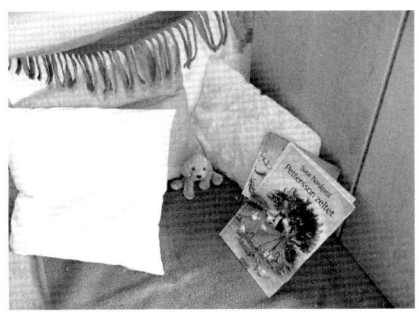

Bauen Sie eine Kuschelecke.
Hier kann das Kind ein Buch anschauen.
Oder es kann ein Hörspiel hören.
Sie können auch vorlesen.

Hausarbeit

Ihr Kind soll helfen:
Gemüse schneiden, Tisch decken,
Wäsche falten ...

Gemeinsam spielen

Spielen Sie gemeinsam
Brett-Spiele und Karten-Spiele.

Hausaufgaben

Das Kind braucht einen Tisch.
Der Fernseher ist aus.
Das Kind arbeitet 5 Minuten.
Dann soll es sich bewegen.
Dann arbeitet es wieder 5 Minuten.

Version B

Feinmotorik – Anregungen zur Förderung für zu Hause

> Alle Tätigkeiten, die Ihr Kind mit den Händen und Fingern macht, schulen die Feinmotorik und die Koordination zwischen Auge und Hand. Finden Sie heraus, was Ihr Kind gern macht und trauen Sie sich gemeinsam an schwierigere Aufgaben.

Kneten
Beim Kneten stärkt Ihr Kind die Handmuskulatur und die Beweglichkeit der Finger. Sie können fertige Knete kaufen oder selbst herstellen. Wenn Sie mit Salzteig kneten, können die Kunstwerke später im Ofen gebrannt und anschließend bemalt werden (Rezepte findet man im Internet). Oder wie wäre es mit selbst gebackenen Keksen? Den Keksteig kann das Kind kneten und formen, wie es möchte – und hinterher schmeckt es der ganzen Familie!

Basteln
Schauen Sie im Internet oder Spielzeugladen nach Ideen zum Basteln. Für Jungs und Mädchen gibt es vielfältige Ideen und Materialien: Bügelperlen, Perlen fädeln, Papier schneiden und reißen, Stempeln, Fingerfarben ... Da ist sicher etwas dabei, das auch Ihrem Kind Spaß macht! Vielleicht gestalten Sie gemeinsam eine neue Deko passend zur Jahreszeit?

Spiele
Spiele wie Wackelturm, Angelspiele, Magnetlabyrinthe, Murmelspiele oder Kreisel stehen bei Kindern meist hoch im Kurs und schulen nebenbei die Feinmotorik und Auge-Hand-Koordination. Auf Flohmärkten, in Secondhand-Läden oder über Kleinanzeigen findet man häufig gut erhaltene Spiele für kleines Geld. Einige Büchereien bieten auch Spiele zum Ausleihen an.

Kleidung
Üben Sie mit Ihrem Kind, Knoten und Schleifen zu binden. Sollte das am eigenen Schuh noch zu schwer sein, knoten Sie zum Üben zunächst einmal breites Geschenkband an eine Stuhllehne. Auch das Öffnen und Schließen von Reißverschlüssen und Knöpfen trainiert die Handgeschicklichkeit.

Haus- und Gartenarbeiten
Lassen Sie sich helfen! Gemüse schneiden, Brombeeren pflücken, Wäsche falten, Schrauben eindrehen – das machen die meisten Kinder gern und üben sich so in Ausdauer, Geschicklichkeit und Konzentration. Nebenbei tragen sie einen Teil zum Haushalt bei und erfahren Wertschätzung.

Grafomotorik
Schreiben Sie Buchstaben und Zahlen auf ein großes Papier und hängen Sie es an die Zimmertür. Mit verschiedenen Stiften darf Ihr Kind nun die Form nachspuren. Lassen Sie die Formen immer kleiner werden, bis sie anschließend im Heft geübt werden können.
TIPP: Denken Sie sich auch Muster aus, die das Kind nachspurt: Wellen, Bögen, Zacken und Schlaufen sind grundlegende Elemente aller Buchstaben.

Feinmotorik – Anregungen zur Förderung für zu Hause

Wichtig:
Ihr Kind soll lernen, mit den Händen zu arbeiten.
Üben Sie gemeinsam.

Kneten

Kneten ist wichtig
und macht Spaß.

Basteln

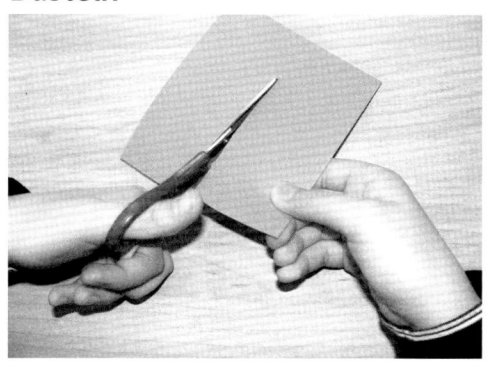

Basteln Sie mit dem Kind.

Spiele

Spiele mit den Händen
machen Spaß.
Spielen Sie gemeinsam.

Kleidung

Üben Sie Knoten und Schleifen zu binden.
Üben Sie Reißverschluss und Knöpfe zu
schließen.

Hausarbeit

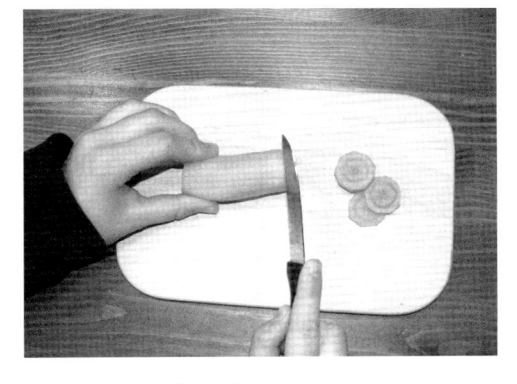

Ihr Kind soll helfen:
Gemüse schneiden,
Wäsche falten,
Schrauben eindrehen.

Schreiben

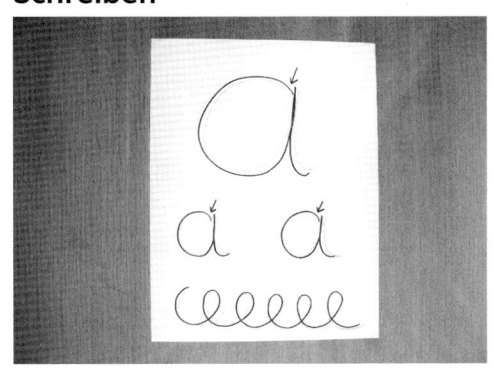

Sie brauchen Papier.
Schreiben Sie große Buchstaben
oder Zahlen.
Das Kind soll nachmalen.

Version B

Visuelle Wahrnehmung – Ideen zur Förderung für zu Hause

> Die visuelle Wahrnehmung ist die Wahrnehmung über das Sehen. Ihr Kind soll lernen, genau hinzuschauen, Gegenstände zu vergleichen und zu unterscheiden sowie die Lage von Gegenständen zu erkennen.

Ich sehe was, was du nicht siehst
Das beliebte Spiel eignet sich gut, um die visuelle Aufmerksamkeit Ihres Kindes zu schulen: Ein Spieler sagt: „Ich sehe was, was du nicht siehst, und das ist ... blau (gelb, rot, braun ...)!". Die anderen Spieler raten abwechselnd, was gemeint sein könnte.

Bilderbücher, Wimmelbücher
Schauen Sie gemeinsam Bilderbücher an. Gut geeignet sind zum Beispiel sogenannte Wimmelbücher. Stellen Sie Ihrem Kind Suchaufgaben: „Wo ist der Hund? Wo ist der Mann mit Hut? Wie viele Tauben kannst du sehen?"

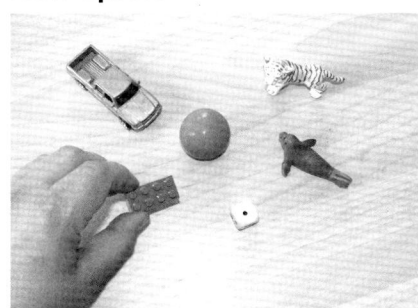

KIM-Spiele
„KIM-Spiele" sind Spiele, die die Sinne schulen: Legen Sie sechs (acht, zehn ...) Gegenstände auf einen Tisch. Ihr Kind soll sich diese gut einprägen. Während sich Ihr Kind die Augen zuhält, entfernen Sie einen Gegenstand. Nun darf das Kind wieder schauen und soll raten, was fehlt.
TIPP: Kinder lieben es, wenn sie selbst etwas wegnehmen und Mama oder Papa raten müssen!

Ordnen und Vergleichen
Vergleichen und Gemeinsamkeiten finden sind wichtige Fähigkeiten der visuellen Wahrnehmung. Lassen Sie Ihr Kind Schrauben nach der Form und Spielzeugautos nach der Farbe sortieren. Kuscheltiere können nach der Größe geordnet und Perlen nach einer bestimmten Reihenfolge aufgefädelt werden.

Puzzles und Legespiele
Bieten Sie Ihrem Kind Puzzles und andere Legespiele an. Auf Flohmärkten, in Secondhand-Läden oder über Kleinanzeigen findet man häufig gut erhaltene Puzzles für kleines Geld. Ihr Kind puzzelt nicht gern? Vielleicht klappt es besser, wenn Sie es gemeinsam machen.

Muster und Labyrinthe
Werden Sie kreativ: Malen Sie Ihrem Kind ein kleines Labyrinth vor. Mit einem Stift soll Ihr Kind dann den richtigen Weg finden.
Sie können auch Muster vormalen und Ihr Kind malt diese möglichst genau ab.
In Buch- oder Spielzeugläden gibt es auch Übungsblöcke mit derartigen Aufgaben.

Übungen zu rechts/links
Üben Sie mit Ihrem Kind „rechts" und „links": Lassen Sie sich das rechte Ohr, den linken Fuß oder den rechten Daumen zeigen oder machen Sie Turnübungen daraus.

Visuelle Wahrnehmung – Ideen zur Förderung für zu Hause

Wichtig:
Ihr Kind soll lernen, gut mit den Augen zu schauen.
Üben Sie gemeinsam.

Bilderbücher

Schauen Sie Bilderbücher an.
Lassen Sie das Kind suchen:
Wo ist der Hund?
Wo ist ein Mann mit Hut?

Merken

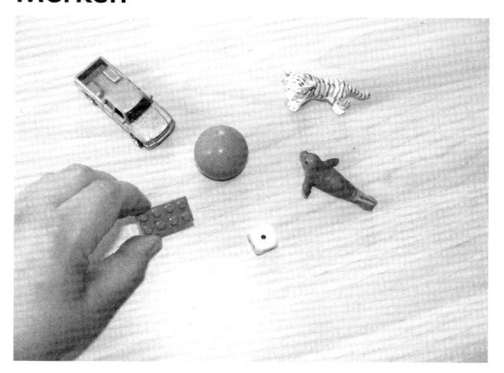

Es liegen Sachen auf dem Tisch.
Das Kind soll sich alles merken.
Das Kind hält sich die Augen zu.
Sie nehmen eine Sache weg.
Das Kind darf gucken: Was fehlt?

Ordnen

Das Kind ordnet Kuscheltiere.
Oder Perlen. Oder Schrauben.

Malen

Malen Sie ein Labyrinth.
Das Kind malt den Weg mit dem Stift.

Puzzles

Puzzles sind wichtig.

Rechts/Links

Üben Sie „rechts" und „links".

Version B

Phonologische Bewusstheit – Ideen zur Förderung für zu Hause

> Die phonologische Bewusstheit ist das Bewusstsein für Reime, Silben und Laute. Sie ist grundlegend für den Lese- und Schreiblernprozess.
> Nennen Sie immer den <u>Laut</u>, nicht den Buchstabennamen: Bei M nicht „em", sondern „mmm", bei S nicht „es", sondern „sss". Laute wie sch, ch, ei nicht trennen, sondern als Einheit benennen.
> ***TIPP:*** *Viele der Übungen und Spiele können gut zwischendurch gemacht werden, auf dem Weg zum Bäcker, auf Autofahrten, beim Warten auf den Bus etc. Meist macht das den Kindern viel Spaß!*

Ich sehe was, was du nicht siehst
Das beliebte Spiel kann gut etwas abgeändert werden: Ein Spieler sagt: „Ich sehe was, was du nicht siehst, und das beginnt mit M (S, L, A …)!" Die anderen Spieler raten abwechselnd.

Bilderbücher, Wimmelbücher
Schauen Sie gemeinsam Bilderbücher an, zum Beispiel sogenannte Wimmelbücher. Suchen Sie gemeinsam Dinge, die eine bestimmte Anzahl an Silben haben: Bei zwei Silben zum Beispiel: „Schul-bus", „Kin-der", „Stra-ße" … Oder lassen Sie Ihr Kind alle Dinge suchen, die mit M (S, L, A …) beginnen. Fortgeschrittene finden Bilder, die mit einem bestimmten Buchstaben <u>enden</u>.

Reimen mit Ball
Nennen Sie ein Wort, zum Beispiel „**Tisch**", und werfen Sie Ihrem Kind einen Ball zu. Das Kind soll ein Reimwort dazu nennen: „**Fisch**". Nun darf das Kind ein Wort sagen, Ihnen den Ball zuwerfen und Sie müssen ein Reimwort finden. Fortgeschrittene denken sich gleich ganze Sätze aus: „Auf dem **Turm** …" „… sitzt ein **Wurm**."

Robotersprache
Unterhalten Sie sich in „Robotersprache", indem Sie die Laute einzeln sprechen: „Gib mir bitte das B-R-O-T." Findet Ihr Kind heraus, was Sie meinen?

Wörter hüpfen
Lassen Sie Ihr Kind Wörter hüpfen (auf Wegplatten, auf dem Trampolin …). Jede Silbe ist dabei ein Hüpfer: „Ka-nin-chen" oder „Ku-chen". Achtung bei Wörtern wie „Fisch" oder „Baum" (eine Silbe!). Wählen Sie als Wörter zum Beispiel Tiere, Gegenstände oder Kindernamen.

Wörterkette
Bilden Sie Wörterketten: Der Endlaut des Wortes ist immer der Anfangslaut des nächsten Wortes: „Anne – Erik – Kurt – Tim – Marius …" oder „Esel – Lama – Ameise – Elefant – Tiger – Regenwurm – Maus …" Der erste Spieler beginnt mit einem Wort, der zweite bildet das nächste etc.

„Auf der Mauer, auf der Lauer …"
Kennen Sie noch das alte Kinderlied? Dabei wird das Wort „Wanze" immer weiter durch Weglassen eines Buchstabens verkürzt. Eine Variation ist, das Lied „andersherum" zu singen (mit W anfangen, dann Wa, dann Wan etc.). Singen Sie es doch auch mal mit anderen Tieren!

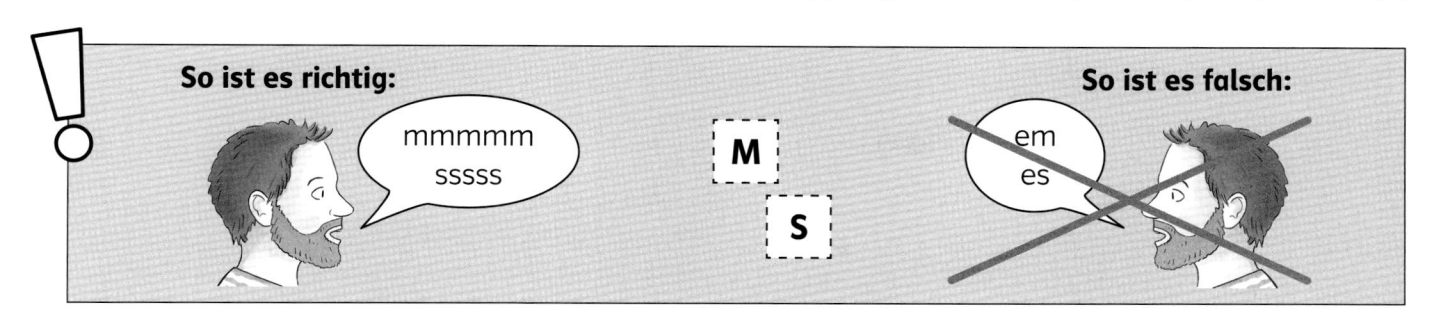

Phonologische Bewusstheit – Ideen zur Förderung für zu Hause

So ist es richtig: mmmmm sssss M S

So ist es falsch: em es

Ihr Kind soll Reime, Silben und Laute lernen. So können Sie üben:

Bilderbücher

Schauen Sie Bilderbücher an.
Lassen Sie das Kind suchen:
Was hat zwei Silben?
Was beginnt mit M? Oder L?

Reime

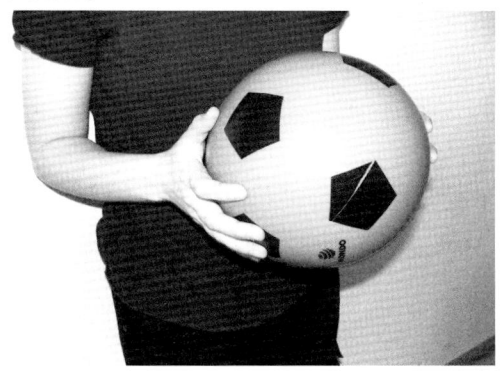

Sie sagen „Tisch"
und werfen den Ball zu dem Kind.
Das Kind sagt den Reim: „Fisch."
Finden Sie viele Reime.

Roboter-Sprache

Ein Roboter spricht so: B-R-O-T.
Sagen Sie Wörter.
Das Kind muss die Sachen finden.

Wörter hüpfen

Sagen Sie ein Wort.
Das Kind soll Silben hüpfen:
Ha-se → 2-mal hüpfen

Wörter-Kette

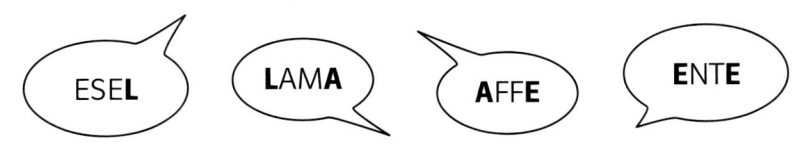

ESE**L**   **L**AM**A**   **A**FF**E**   **E**NT**E**

Machen Sie mit dem Kind eine Wörter-Kette.
Der Buchstabe am Ende ist wichtig.
Damit muss das neue Wort anfangen.

© PERSEN Verlag   *Version B*   17

Buchstabenkenntnis – Möglichkeiten zur Förderung für zu Hause

> **WICHTIG:**
> Nennen Sie immer den <u>Laut</u>, nicht den Buchstabennamen: bei M nicht „em", sondern „mmm", bei S nicht „es", sondern „sss". Laute wie sch, ch, ei nicht trennen, sondern als Einheit benennen.

Buchstabenkarten

Schreiben Sie die schon erlernten Buchstaben auf kleine Zettel oder Karten. Spielen Sie damit z. B. Memory (Groß- und Kleinbuchstaben müssen als Paar gefunden werden).
Machen Sie eine „Blitzblickrunde": Zeigen Sie einen Buchstaben kurz, das Kind benennt diesen möglichst schnell.
Suchen Sie gemeinsam mit Ihrem Kind möglichst viele Wörter zu einer bestimmten Buchstabenkarte: Apfel, Ameise, Ampel, angeln, acht, Anna ... Betonen Sie den Buchstaben im Wort besonders stark.

Hausaufgaben

Lassen Sie sich bei Schreib-Hausaufgaben immer wieder die Buchstaben benennen. Damit rufen Sie diese Ihrem Kind ins Gedächtnis.

Buchstabentag

Machen Sie einen Buchstaben zum Mittelpunkt des Tages: Heute ist **F-Tag**:

- Fischstäbchen essen und Fanta trinken ...
- gemeinsam fernsehen, faulenzen oder ein Fest feiern ...
- „Die drei Fragezeichen" hören, Freunde treffen, Fußball spielen ...

Werden Sie kreativ und sammeln Sie gemeinsam mit Ihrem Kind Ideen für den Buchstabentag.

Kuscheltiere

Haben die Kuscheltiere Ihres Kindes Namen? Dann basteln Sie doch gemeinsam Halsbänder mit den Anfangsbuchstaben der Tiere.

Haushalt

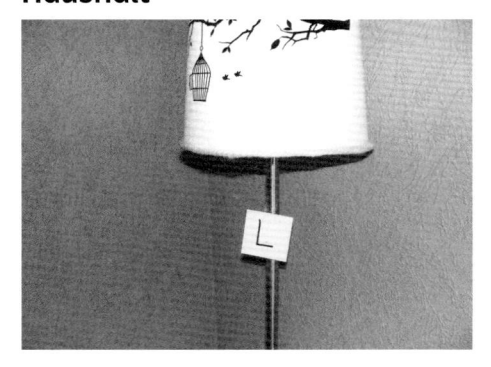

Machen Sie Ihre gesamte Wohnung zum Lernort. Beschriften Sie Alltags- und Einrichtungsgegenstände mit deren Anfangsbuchstaben: An der Lampe hängt ein Zettel mit „L", neben dem Waschbecken ein Zettel mit „W". Wiederholen Sie dann während des Alltags immer wieder diese Buchstaben.

Kreatives Üben

Reine Buchstabendiktate werden auf Dauer langweilig. Lassen Sie Ihr Kind Buchstaben kneten, aus Keksteig backen, in Sand malen, mit Steinen legen oder aus Zeitschriften ausschneiden.

Buchstabenkenntnis – Möglichkeiten zur Förderung für zu Hause

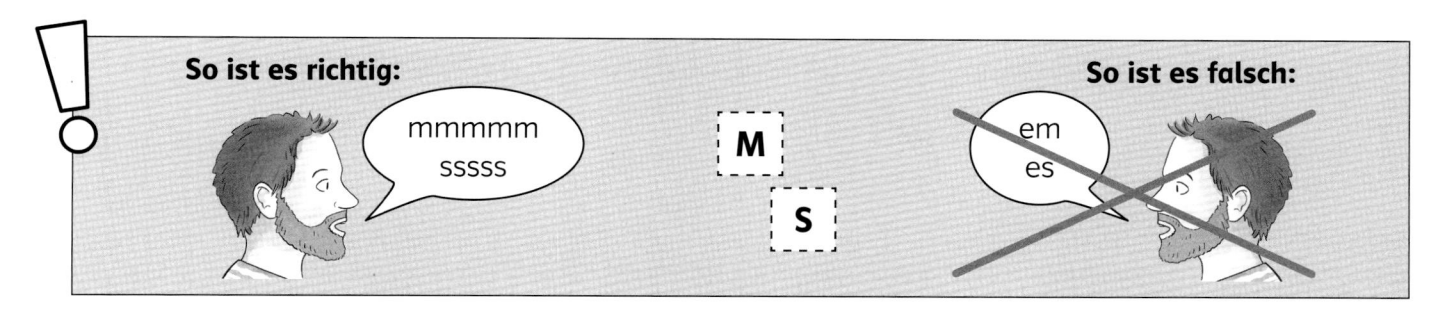

So ist es richtig: mmmmm sssss   M   S

So ist es falsch: em es

Ihr Kind soll Buchstaben lernen. So können Sie üben:

Karten basteln

Basteln Sie Karten mit Buchstaben.
Spielen Sie Memory.
Oder zeigen Sie eine Karte.
Das Kind soll den Buchstaben sagen.

Hausaufgaben

Zeigen Sie bei den Hausaufgaben
auf einen Buchstaben.
Das Kind soll ihn sagen.

Haushalt

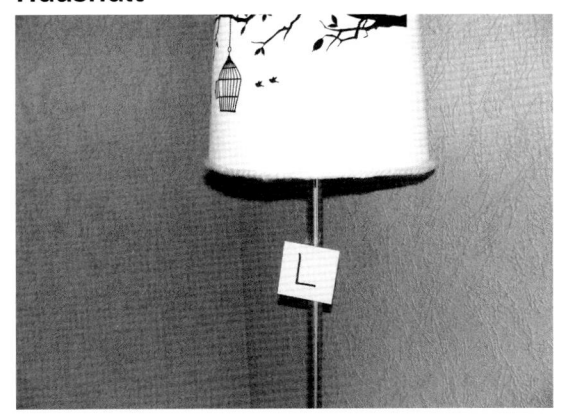

Hängen Sie Buchstaben
in der Wohnung auf.
Zum Beispiel:
L wie Lampe, F wie Fernseher,
S wie Sessel.

Kreativ üben

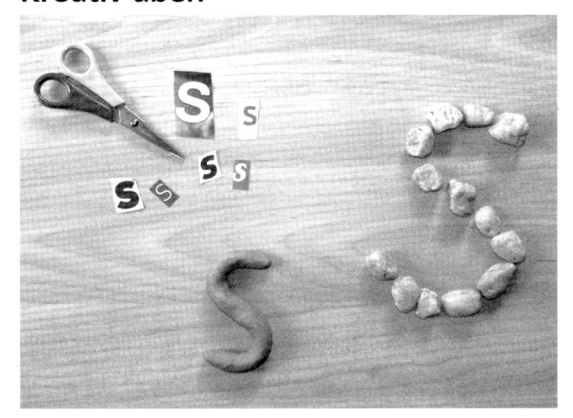

So können Sie üben:
Buchstaben mit Steinen legen,
Buchstaben kneten,
Buchstaben ausschneiden.

Version B

Synthese – Anregungen zur Förderung für zu Hause

> Synthese bedeutet das Zusammenziehen von Buchstaben zu einer Silbe. Nennen Sie immer den <u>Laut</u>, nicht den Buchstabennamen: bei M nicht „em", sondern „mmm", bei S nicht „es", sondern „sss".

Silben hüpfen

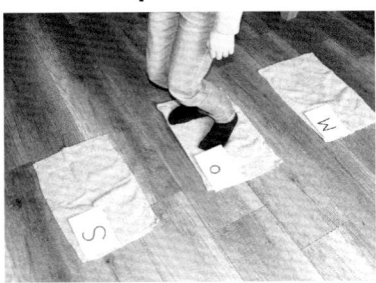

Sie benötigen sechs Tücher. Darauf legen sie abwechselnd Konsonanten und Vokale**. Das Kind stellt sich nun auf das erste Feld und beginnt, den Buchstaben zu summen: „mmm." Dann hüpft es auf das nächste Feld und hängt den Vokal an: „mmmooo." Auf dem nächsten Feld beginnt das Kind von Neuem. Sie können auch Straßenkreide nehmen und die Platten auf dem Weg oder der Terrasse beschriften!

Fingerlesen

Beschriften Sie Zettel/Karten mit Buchstaben. Legen Sie zwei Karten dicht nebeneinander auf den Tisch, zum Beispiel „m" und „a". Fahren Sie gemeinsam mit Ihrem Kind mit dem Finger an den Buchstaben entlang und ziehen Sie die Buchstaben zusammen: „mmmaaa". Drehen Sie die Buchstaben auch mal um: „a und m" ergeben dann „aaammm."

Eisenbahn:

Falls Sie eine Spielzeugeisenbahn besitzen, eignet sich dieses Spiel: Die Lok trägt einen Konsonanten (zum Beispiel „s"), der Waggon trägt einen Vokal (zum Beispiel „o"). Die Lok fährt rückwärts Richtung Waggon und das Kind spricht dabei den lang gezogenen Konsonanten „sss". Erst, wenn die Lok den Waggon anstößt, wird auf den Vokal gewechselt: „sssooo."

Rutschen

Üben Sie doch einmal auf dem Spielplatz oder im Garten auf der Rutsche: Malen Sie vor die Rutsche einen Vokal in den Sand, zum Beispiel „i". Beim Rutschen summt Ihr Kind nun einen Konsonanten (zum Beispiel „r"): „rrrrrrr". Sobald das Kind unten landet, wechselt es den Buchstaben: „rrrrrrrriiiiiiii."

TIPPS
- *Beginnen Sie zunächst mit EINEM Konsonanten (zum Beispiel s) und verschiedenen Vokalen (zum Beispiel a, i, o).*
- *Nutzen Sie zunächst Buchstaben, die Ihr Kind sicher kennt.*
- *Summen und sprechen Sie mit ihrem Kind gemeinsam.*
- *Nehmen Sie zunächst nur klingende Konsonanten: „l, m, n, s, r, w, f."*

** **Vokal = Selbstlaut:** A, a, E, e, I, i, O, o, U, u
Konsonant = Mitlaut: alle anderen Buchstaben, zum Beispiel M, m, L, l, R, r ...

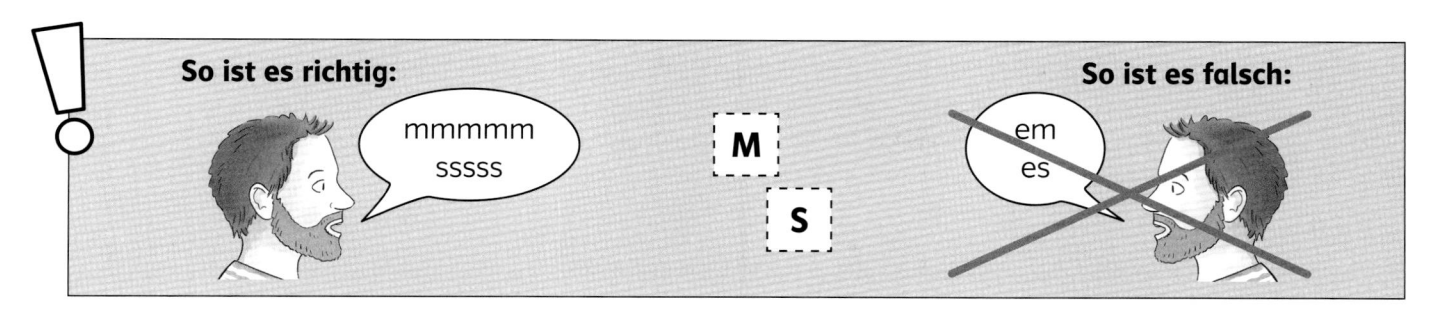

Synthese – Anregungen zur Förderung für zu Hause

So ist es richtig: mmmmm sssss   M S

So ist es falsch: em es

Ihr Kind soll lernen, zwei Buchstaben zu lesen. So können Sie üben:

Silben hüpfen

Sie brauchen 6 Tücher.
Legen Sie Buchstaben hin.
Das Kind steht und sagt: „mmm."
Dann hüpft es und sagt: „mmmooo."

Lesen mit dem Finger

Basteln Sie Karten mit Buchstaben.
Das Kind soll mit dem Finger zeigen
und lesen: „mmmaaa."
Lesen Sie mit.

Eisenbahn

Die Lok fährt rückwärts.
Das Kind sagt: „sssss."
Die Lok stößt an den Wagen.
Das Kind sagt „sssooo."

Rutschen

Das Kind rutscht und sagt: „rrrr."
Unten steht das „i".
Wenn das Kind unten ankommt,
sagt es: „rrriii."

TIPPS
- *Üben Sie auch mit anderen Buchstaben.*
- *Üben Sie gemeinsam.*
- *Sprechen Sie mit.*

Version B

Erstes Lesen – Möglichkeiten zur Förderung für zu Hause

> Eine tägliche kurze Übungszeit von ca. 10 Minuten ist sinnvoller als einmal pro Woche eine ganze Stunde. Sobald Sie merken, dass Ihr Kind sich nicht mehr konzentrieren kann, hören Sie auf. Eine feste tägliche Lesezeit (z. B. als Ritual nach dem Abendbrot) kann hilfreich sein.

Silbenkarten

Basteln Sie Silbenkarten, jeweils mit einem Konsonanten* und verschiedenen Vokalen* (z. B. Ma, Mo, Mi, ma, mo, mi). Folgende Spiele und Übungen können Sie damit machen:

- **Blitzlesen:** Das Kind bekommt kurz eine Karte gezeigt und muss die Silbe möglichst schnell erlesen.
- **Fliegenklatschen:** Alle Karten werden offen auf dem Boden ausgebreitet. Sie nennen eine Silbe und Ihr Kind schlägt mit einer Fliegenklatsche auf die richtige Karte.
- **Memory:** Beschriften Sie jeweils zwei Karten mit derselben Silbe und spielen Sie Memory.
- **Von der Silbe zum Wort:** Zwei Silben werden erst einzeln gelesen und dann als Wort zusammengesetzt: „Ma - ma", „Ma – mi".
  Lassen Sie Ihr Kind auch ruhig Unsinnswörter lesen: „Ra-mi" oder „La-so".

Wörter raten

Ein Wort (am besten aus dem Übungsmaterial der Klasse) wird groß und deutlich auf einen Zettel geschrieben und zunächst so verdeckt, dass nur der erste Buchstabe stehen bleibt. Das Kind soll den Buchstaben nennen und schon gleich den ersten Tipp abgeben, um welches Wort es sich handeln könnte: M → Maus? Mia?
Dann wird der zweite Buchstabe gezeigt, sodass das Kind die ersten beiden sehen und lesen kann. Es soll nun wieder raten, welches Wort es sein könnte: Ma → Magnet? Mandel?
So verfährt man mit den weiteren Buchstaben, bis alle aufgedeckt sind.

Treppenlesen

Ein Wort wird nach und nach aufgebaut, indem immer ein Buchstabe dazukommt. Schreiben Sie die Wörter wie eine Treppe auf. Beginnen Sie am besten mit Wörtern aus drei Buchstaben. Sie können in die Fibel oder die Hefte Ihres Kindes schauen, um sich Anregungen zu holen.

Sätze lesen

Mit den ersten Wörtern lassen sich Sätze lesen, wenn man Wörter durch Bilder ersetzt:

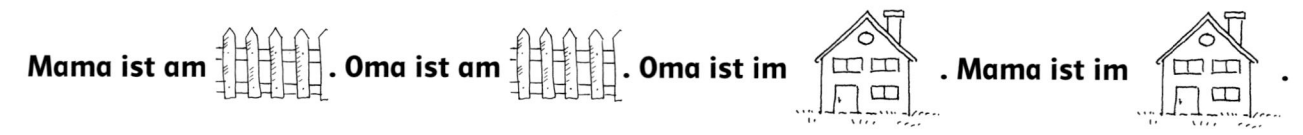

Mama ist am 🪵. **Oma ist am** 🪵. **Oma ist im** 🏠. **Mama ist im** 🏠.

Dabei bietet sich in der Anfangsphase das *Prinzip der minimalen Veränderung* an: Verändern Sie zunächst nur einzelne Teile des Satzes, sodass das Kind einige Teile sofort erkennt, andere aber neu erlesen muss. Das bietet ein schnelles Erfolgserlebnis.

---

* **Vokal = Selbstlaut:** A, a, E, e, I, i, O, o, U, u; **Konsonant = Mitlaut:** alle anderen Buchstaben, zum Beispiel M, m, L, l, R, r …

Version A

Erstes Lesen – Möglichkeiten zur Förderung für zu Hause

Wichtig:
Ihr Kind muss lesen üben.
Üben Sie gemeinsam jeden Tag 10 Minuten.

Silben-Karten

Basteln Sie Karten mit Silben:
Ma, Mo, Mi, ma, mo, mi ...
Sa, Se, Su, sa, se, su ...
Das Kind soll Silben
und Wörter lesen.
Sie können auch Memory spielen.

Wörter raten

Sie schreiben ein Wort und
zeigen nur einen Buchstaben.
Das Kind soll raten.
Dann zeigen Sie 2 Buchstaben.
Das Kind soll raten.
So geht es weiter.

Treppen-Lesen

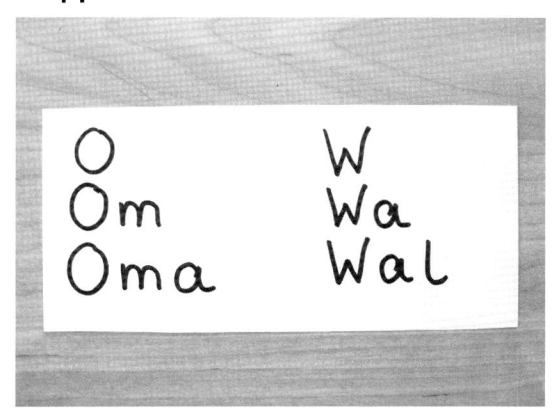

Schreiben Sie Wörter
wie eine Treppe.
Immer ein Buchstabe kommt dazu.
Das Kind soll lesen.

Sätze lesen

Sie schreiben Sätze.
Die Sätze sind fast gleich.
Das kann Ihr Kind gut lesen.
Ein schweres Wort können Sie
auch malen.

Version B

Tägliches Lesen – Anregungen zur Förderung für zu Hause (1)

Dies ist eine Sammlung an Anregungen zur täglichen Leseförderung. Sie sollen vermitteln, dass Lesen Spaß macht und im Alltag hilfreich ist. Suchen Sie sich die Ideen raus, die zu Ihnen und Ihrem Kind passen.

Fördern Sie eine positive Lernatmosphäre und vermeiden Sie Streit und Zwang. Ist Ihr Kind gerade zu müde? Dann versuchen Sie es in ein bis zwei Stunden (oder am nächsten Tag) noch einmal. Eine tägliche kurze Übungszeit von ca. 10 Minuten ist zudem sinnvoller als einmal pro Woche eine ganze Stunde.

Bieten Sie Ihrem Kind neben den Lesetexten aus dem Schulunterricht auch Kinderbücher an. Auf Flohmärkten, in Secondhand-Läden oder über Kleinanzeigen findet man häufig gut erhaltene Kinderbücher für kleines Geld. Oder wie wäre es mal mit einem Besuch in der örtlichen Bücherei?

TIPP: *Gehen Sie mit gutem Beispiel voran: Lesen Sie selbst Bücher oder Zeitschriften. Lesen Sie Ihrem Kind vor, um die Kreativität zu fördern und das Interesse an Geschichten zu wecken.*

Lesemotivation fördern

- Beschriften Sie einen Würfel mit „+" und „–" und lassen Sie Ihr Kind vor jedem Satz würfeln: Bei „+" soll es laut lesen, bei „–" leise flüstern. Würfeln und lesen Sie mit!
- Lesen Sie abwechselnd mit Ihrem Kind, nutzen Sie dafür auch Handpuppen oder Kuscheltiere.
- Ihr Kind kann Haustieren, Kuscheltieren oder Spielfiguren vorlesen.
- Regen Sie an, mit verstellten Stimmen zu lesen: wie eine Hexe, ein Bär, eine Maus, eine feine Dame … Machen Sie mit!
- „Wanderlesen": Lesen Sie jeden Satz in einem anderen Raum des Hauses.
- Lesen Sie doch mal in einer „Höhle" unter dem Tisch, auf der Picknickdecke im Garten oder gemeinsam eingekuschelt im Bett.
- Belohnungslesen: Für jeden Satz wandert ein Gummibärchen in ein Schälchen. Am Ende des Textes dürfen die Gummibärchen verspeist werden. (Geht natürlich auch mit Schokolinsen, Traubenzucker oder Himbeeren!)
- Basteln Sie einen Lesekalender, in den Ihr Kind eintragen kann, wann es gelesen hat. Sie können auch Smileys in einen Familienkalender eintragen.
- Lassen Sie Ihr Kind die Minuten würfeln, die es an diesem Tag lesen soll. Würfeln Sie zweimal und addieren Sie die Zahlen, dann erhalten Sie eine Zeitspanne zwischen 2 und 12 Minuten.

Tägliches Lesen – Anregungen zur Förderung für zu Hause (2)

Kreativer Umgang mit Lesetexten

- Nennen Sie Ihrem Kind ein Wort, das besonders häufig im Text vorkommt. Ihr Kind soll das Wort im Text suchen und zum Beispiel einen Knopf drauflegen oder eine Schokolinse (die natürlich anschließend gegessen werden darf).

- Stopplesen: Sie lesen und Ihr Kind soll stumm mitlesen. Sobald Sie an einer Stelle aufhören, liest Ihr Kind weiter. Das kann auch mitten im Satz sein. Jeder liest, so viel er möchte (auch wenn es nur ein Wort ist).

- Lesen Sie nicht den ganzen langen Text, sondern nur wenige Sätze. Diese können Sie dann lieber häufiger und auch mal in anderer Reihenfolge mit Ihrem Kind lesen.

Lesespiele und Ideen für den Alltag

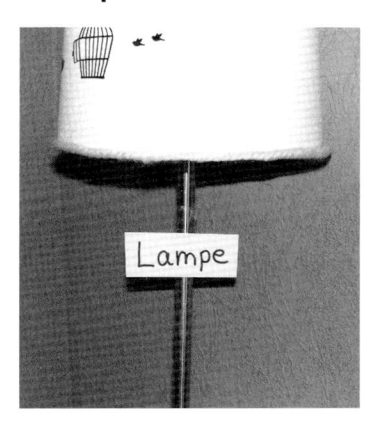

- Beschriften Sie Zettel mit Wörtern von Haushaltsgegenständen, zum Beispiel „Lampe", „Sofa", „ein grünes Buch" ... Ihr Kind soll die Wörter lesen und an den richtigen Gegenstand hängen.

- Schreiben Sie kleine Zettel und machen Sie eine Schatzsuche für Ihr Kind.

- Schreiben Sie Ideen gegen Langeweile auf Zettel und rollen Sie sie zusammen (zum Beispiel „Male ein Bild." oder „Baue eine Höhle."). Ihr Kind kann sich bei Bedarf ein Röllchen ziehen, die Idee lesen und dann umsetzen.

- Stellen Sie einen Schuhkarton als Briefkasten in der Wohnung auf. Schreiben Sie sich gegenseitig mit Ihrem Kind kleine Briefe. Auch Kuscheltiere oder Haustiere können mal Briefe erhalten, diese müssen dem Empfänger dann natürlich laut vorgelesen werden.

- Lassen Sie Nachbarn oder Verwandte Postkarten oder Briefe an Ihr Kind schreiben.

- Suchen Sie gezielt nach Brettspielen mit Lesekarten (einfach mal im Spielwarenladen nachfragen und anschauen).

- Schreiben Sie beim Einkaufen eine kurze Einkaufsliste speziell für Ihr Kind. Diese kann es dann im Laden selbst lesen und die Waren entsprechend zusammensuchen.

Version A

Tägliches Lesen – Anregungen zur Förderung für zu Hause (1)

> **Wichtig:**
> Ihr Kind muss lesen üben.
> Üben Sie gemeinsam jeden Tag 10 Minuten.

So macht Lesen Spaß:

Schulbuch

Das Kind soll im Schulbuch lesen.

Kinderbücher

Ihr Kind braucht Kinderbücher.
Lesen Sie vor.

Gemeinsam lesen

Lesen Sie gemeinsam:
Einen Satz liest das Kind.
Einen Satz lesen Sie.

Lese-Kalender

Basteln Sie einen Kalender.
Wenn Ihr Kind gelesen hat,
darf es einen Smiley malen.

Kuscheltiere

Das Kind kann vorlesen.
Für die Kuscheltiere.
Oder für ein Haustier.

Belohnung

Nach jedem Satz wird ein
Gummibärchen in die Schale gelegt.
Am Ende darf das Kind sie essen.

Tägliches Lesen – Anregungen zur Förderung für zu Hause (2)

Wörter finden

Sagen Sie ein Wort.
Das Kind soll das Wort finden
und einen Knopf darauflegen.

Wörter aufhängen

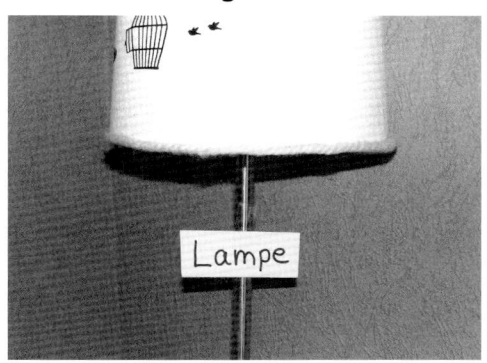

Schreiben Sie Wörter.
Das Kind soll lesen
und die Wörter aufhängen.

Briefe

Basteln Sie einen Briefkasten.
Schreiben Sie Briefe.
Das Kind soll lesen.

Einkaufen

Das Kind bekommt einen
kleinen Einkaufszettel.

Version B

Lernwörter – Hinweise und Ideen zur Förderung für zu Hause

> Um die Rechtschreibung der Kinder zu festigen, erhält die Klasse Lernwörter, die Sie als Eltern bitte mit Ihrem Kind zu Hause üben. Folgende Tipps geben Ihnen dabei Anregungen. Das Ziel ist es, dass Ihr Kind möglichst alle Wörter fehlerfrei aufschreiben kann.

Allgemeine Hinweise

- Üben Sie gemeinsam mit Ihrem Kind.
- Sorgen Sie beim Üben für eine ruhige Atmosphäre (Fernseher und Radio aus).
- Lassen Sie Ihr Kind die Wörter zunächst mehrmals lesen und abschreiben.
- Nennen Sie dann ein Wort, das Kind soll es nun aus dem Gedächtnis aufschreiben.
- Verändern Sie die Reihenfolge der Wörter beim Diktieren.
- Lassen Sie Ihr Kind schwierige Stellen markieren, z. B. „ie" oder „ck".
- Ist Ihr Kind erschöpft, hören Sie auf oder machen Sie eine Pause. Üben Sie lieber wenige Wörter – und dafür häufiger – als alle Wörter auf einmal. Eine tägliche kurze Übungszeit von ca. 10 Minuten ist sinnvoller als einmal pro Woche eine ganze Stunde.

Häufige Wiederholungen und kreatives Üben

- Ein Wort prägt sich durch viele Wiederholungen ein. Verknüpfen Sie das Lernen mit Bewegungen: Ihr Kind schreibt z. B. „Esel", macht danach einen Purzelbaum, schreibt wieder „Esel", läuft dann einmal um den Tisch, schreibt wieder „Esel", hüpft wie ein Frosch …
- Werden Sie kreativ: Ihr Kind kann die Lernwörter mit verschiedenen Farben schreiben, mit Kreide auf dem Fußweg, mit einem Stock auf dem Spielplatz in den Sand, mit Badewannenstiften in der Dusche/Badewanne …
  TIPP: Sprühen Sie etwas Rasierschaum auf ein Tablett und streichen Sie es glatt. Nun kann Ihr Kind mit dem Finger Wörter hineinschreiben.  
- Machen Sie die Lernwörter sichtbar: Schreiben Sie diese groß auf Papier und hängen Sie sie verteilt in der Wohnung auf (neben dem Bett, neben dem Esstisch, an den Spiegel im Bad …).
- Schreiben Sie ein Wort auf Pappe und schneiden Sie die Buchstaben auseinander. Ihr Kind soll es nun wieder zusammenpuzzeln.

Umgang mit Fehlern

Schreibt Ihr Kind ein Wort falsch, greifen Sie sofort ein! Verbessern Sie es gemeinsam. Dadurch kann sich die falsche Schreibweise nicht einprägen und das Bewusstsein für die Rechtschreibung wird geweckt.

Manche Kinder reagieren traurig oder wütend auf Fehler, vielleicht helfen dann diese Vorschläge:

- Ein Kuscheltier kontrolliert und hüpft z. B. immer hoch, sobald ein Wort falsch geschrieben ist.
- Der Radierer wird zum „Radierteufel" und „frisst" Fehler.
- Machen Sie Mut: „**Esl**. Das kann ich schon gut lesen. Erwachsene haben sich aber darauf geeinigt, dass das Wort immer so geschrieben wird: **Esel**. Probiere es gleich noch einmal."

Lernwörter – Hinweise und Ideen zur Förderung für zu Hause

> **!** Das Kind bekommt Lernwörter. Die Wörter soll das Kind schreiben üben. Üben Sie gemeinsam jeden Tag 10 Minuten.

Abschreiben

Es ist ruhig.
Der Fernseher ist aus.
Das Kind liest die Wörter.
Das Kind schreibt die Wörter ab.

Gemeinsam üben

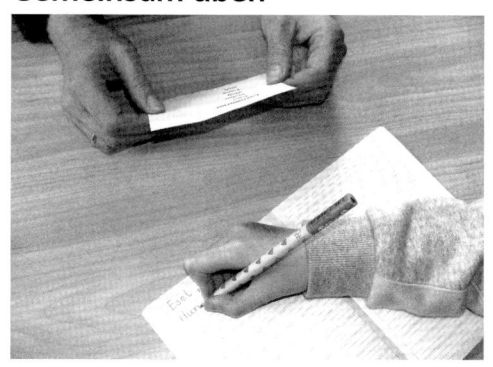

Sie üben gemeinsam.
Sie sagen ein Wort.
Das Kind schreibt das Wort.

Bunte Stifte

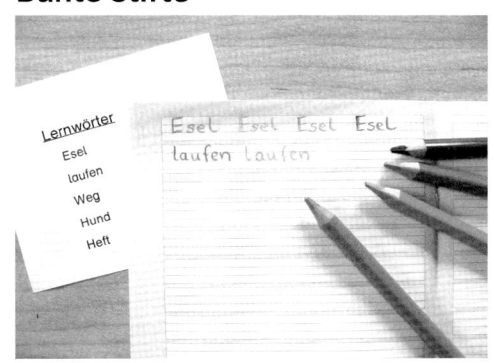

Das Kind schreibt die Wörter
mit vielen bunten Stiften.

Kreide

Das Kind schreibt die Wörter
draußen mit Kreide.

Puzzeln

Schreiben Sie ein Wort auf Pappe.
Schneiden Sie die Buchstaben aus.
Das Kind soll puzzeln.

Fehler

Ein Wort ist falsch.
Zeigen Sie das dem Kind.
Das Kind schreibt es richtig.

Version B

Diktate – Hinweise zum Üben für zu Hause

> Ihr Kind hat einen Text bekommen, den Sie als Eltern bitte mit Ihrem Kind zu Hause üben. Folgende Tipps geben Ihnen dabei Anregungen. Das Ziel ist es, dass Ihr Kind möglichst den ganzen Text fehlerfrei „nach Ansage" aufschreiben kann.

Allgemeine Hinweise

- Üben Sie gemeinsam mit Ihrem Kind.
- Sorgen Sie beim Üben für eine ruhige Atmosphäre (Fernseher und Radio aus).
- Sprechen Sie Ihrem Kind den Text langsam vor. Machen Sie nach jeder Wortgruppe oder jedem Satz eine Pause. Ihr Kind schreibt das Gehörte auf. Achten Sie darauf, dass Ihr Kind den Text nicht sieht und dass Sie nicht zu schnell diktieren.
- Lassen Sie Ihr Kind schwierige Stellen markieren, z. B. „ie" oder „ck".
- Ist Ihr Kind erschöpft, hören Sie auf oder machen Sie eine Pause. Üben Sie lieber wenige Sätze – und dafür häufiger – als den ganzen Text auf einmal. Eine tägliche kurze Übungszeit von ca. 10 Minuten ist sinnvoller als einmal pro Woche eine ganze Stunde.

Umgang mit Fehlern

Schreibt Ihr Kind ein Wort falsch, greifen Sie sofort ein! Verbessern Sie es gemeinsam. Dadurch kann sich die falsche Schreibweise nicht einprägen und das Bewusstsein für die Rechtschreibung wird geweckt. Manche Kinder reagieren traurig oder wütend auf Fehler, vielleicht helfen dann diese Vorschläge:

- Ein Kuscheltier kontrolliert und hüpft z. B. immer hoch, sobald ein Wort falsch geschrieben ist.
- Der Radierer wird zum „Radierteufel" und „frisst" Fehler.
- Machen Sie Mut: „**Esl**. Das kann ich schon gut lesen. Erwachsene haben sich aber darauf geeinigt, dass das Wort immer so geschrieben wird: **Esel**. Probiere es gleich noch einmal."

Markieren Sie falsch geschriebene Wörter im Text und üben Sie diese besonders häufig.
Machen Sie die häufig falsch geschriebenen Wörter sichtbar: Schreiben Sie sie groß auf Papier und hängen Sie sie verteilt in der Wohnung auf (neben dem Bett, neben dem Esstisch, an den Spiegel im Bad ...).

Kreatives Üben

Machen Sie aus dem „trockenen Lernen" ein Spiel und werden Sie kreativ. Folgende Ideen dienen als Anregung:

- Ihr Kind schreibt jeden Satz in einer anderen Farbe.
- Bauen Sie zwischendurch Bewegungspausen ein: Purzelbaum, Handstand, zehnmal hüpfen ...
- Schaffen Sie eine gemütliche Arbeitsatmosphäre: eine Kerze auf dem Tisch, eine Tasse Tee, eine Schale mit Nüssen ...
- Üben Sie auch mal an ungewöhnlichen Orten: im Garten, im Baumhaus ...
- Wechseln Sie die Person, die diktiert. Vielleicht kann das auch mal die Oma oder die große Schwester übernehmen?
- Ändern Sie die Reihenfolge der Sätze im Text, stellen Sie die Sätze um. Das verhindert ein allzu mechanisches Üben.

Diktate – Hinweise zum Üben für zu Hause

> ! Ihr Kind hat einen Text bekommen.
> Ihr Kind soll den Text schreiben üben.
> Üben Sie gemeinsam jeden Tag 10 Minuten.

Gemeinsam üben

Es ist ruhig.
Der Fernseher ist aus.
Sie sagen langsam einen Satz.
Das Kind schreibt den Satz auf.

Fehler

Ein Wort ist falsch.
Zeigen Sie das dem Kind.
Das Kind schreibt es richtig.

Schwere Wörter

Ein Wort ist schwer.
Das Kind schreibt das Wort oft.

Bunte Stifte

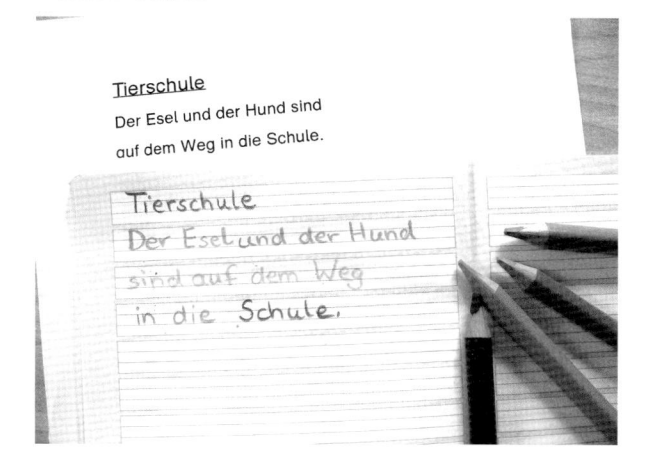

Das Kind schreibt die Sätze
mit bunten Stiften.
Das macht Spaß.

Version B

Basisfähigkeiten Mathematik – Ideen zum Üben für zu Hause

> Vor dem ersten Rechnen benötigen Kinder Erfahrungen in mathematischen Basisfähigkeiten:
> - Farben und Formen unterscheiden und sortieren
> - Reihenfolgen erkennen und fortführen
> - Vergleichen (mehr/weniger, größer/kleiner)
> - kleine Mengen auf einen Blick erfassen (bis 5)
> - größere Mengen abzählen (bis 10)
> - Würfelbilder
> - Zählen (vor- und rückwärts)
> - Ziffern kennen

Bilderbücher, Wimmelbücher

Schauen Sie gemeinsam Bilderbücher an. Gut geeignet sind zum Beispiel sogenannte Wimmelbücher. Stellen Sie Ihrem Kind Aufgaben:
- Zählaufgaben: „Wie viele Tauben kannst du sehen?"
- Ziffern suchen: „Wo ist eine 5?"
  „Welche Hausnummer hat das rote Haus?"
- Mengen vergleichen: „Was ist mehr? Hunde oder Katzen?"
- Formen und Farben: „Was sieht aus wie ein Dreieck?" „Findest du etwas rundes Blaues?"

Ordnen und Vergleichen

Vergleichen und Gemeinsamkeiten finden sind wichtige mathematische Fähigkeiten. Lassen Sie Ihr Kind Schrauben nach der Form und Spielzeugautos nach der Farbe sortieren. Kuscheltiere können nach der Größe geordnet und Perlen nach einer bestimmten Reihenfolge aufgefädelt werden.
Bunte Legeplättchen (im Internet bestellbar) können nach der Form sortiert werden oder in einer bestimmten Reihenfolge gelegt werden. Kinder haben auch großen Spaß daran, eigene Muster und Legebilder zu erfinden.

Gemeinsame Spiele

Würfel- und Kartenspiele stehen bei Kinder hoch im Kurs und auch Erwachsene haben daran Spaß. Nebenbei fördern sie das Erfassen von Würfelbildern, das Abzählen und das Lernen der Ziffern. Auf Flohmärkten, in Secondhand-Läden oder über Kleinanzeigen findet man häufig gut erhaltene Spiele für kleines Geld. Einige Büchereien bieten auch Spiele zum Ausleihen an.

Haus- und Gartenarbeiten

Lassen Sie sich helfen: Tisch decken, gemeinsam kochen, Gartenarbeit ... Überall kommt das Kind mit Zahlen und Mengen in Kontakt. Die meisten Kinder helfen gern und üben sich so außerdem in Ausdauer, Geschicklichkeit und Konzentration. Nebenbei tragen sie einen Teil zum Haushalt bei und erfahren Wertschätzung.
- „Wir brauchen vier Teller und vier Messer."
- „Stelle an jeden Platz ein Glas. Wie viele brauchst du?"
- „Hol mir bitte drei Tomaten."
- „In jede Reihe pflanzen wir acht Erdbeerpflanzen."
- „Gibst du mir bitte zwei kleine, dicke Schrauben?"

Basisfähigkeiten Mathematik – Ideen zum Üben für zu Hause

> Ihr Kind soll Farben und Formen lernen.
> Ihr Kind soll Zahlen lernen.
> Üben Sie gemeinsam.

Bilderbücher

Schauen Sie Bilderbücher an.
Fragen Sie das Kind:
Wie viele Hunde sind es?
Wo ist eine 5?
Welche Farbe hat das Haus?

Hausarbeit

Das Kind soll helfen:
Tisch decken und kochen.
Dabei muss es zählen.

Ordnen

Das Kind ordnet Kuscheltiere.
Oder Perlen. Oder Schrauben.

Gemeinsam spielen

Spielen Sie gemeinsam
Würfel-Spiele und Karten-Spiele.

Version B

Zahlen und Mengen bis 10 – Anregungen zum Üben für zu Hause

> Zum Üben brauchen Sie die **Vorlage 1** sowie Legematerial. Dafür eignen sich Legeplättchen aus der Schule oder Knöpfe, Münzen, kleine Steine, Glassteine (Dekoshop), aber z. B. auch Schokolinsen oder Gummibärchen.

Ziffern üben

Lassen Sie Ihr Kind Zahlen kneten, aus Keksteig backen, in Sand malen oder aus Zeitschriften ausschneiden. Ordnen Sie immer gleich die passende Menge zu:

- Eine Sechs aus Keksteig bekommt sechs Smarties obendrauf.
- Neben die Acht im Sand legt das Kind acht Steine.
- Malen Sie gemeinsam bunte Zahlenkarten und lassen Sie Ihr Kind die passende Anzahl Gegenstände dazulegen.

Zahlreihe

Schreiben Sie die Zahlen bis 10 auf kleine Zettel/Karten. Ihr Kind soll diese in die richtige Reihenfolge bringen. Drehen Sie nun eine Zahl um oder decken Sie diese ab, zum Beispiel mit einem kleinen Kuscheltier. Ihr Kind nennt die abgedeckte Zahl. Machen Sie Ihr Kind auch auf die Reihenfolge von Buchseiten oder auch Hausnummern aufmerksam: „Nach der 4 kommt die 5."

Zählaufgaben

Finden Sie Zählaufgaben im Alltag oder in Bilderbüchern: die Enten im Teich, die Fenster am Haus, die Teller auf dem Tisch ... Fördern Sie das Mengenverständnis durch Rätselaufgaben:
„Wenn eine Ente jetzt wegfliegt, wie viele sind dann noch auf dem Teich?"
„Wenn Opa Herbert morgen zum Essen kommt, wie viele Teller brauchen wir dann?"

Blitzblick

Variante 1: Verstecken Sie bis zu fünf Plättchen (Knöpfe, Steine ...) unter Ihrer Hand. Decken Sie die gelegte Menge nur kurz auf. Ihr Kind soll möglichst schnell – ohne zu zählen – die Anzahl nennen. Beginnen Sie mit ein bis drei Plättchen und steigern Sie die Anzahl auf bis zu fünf.

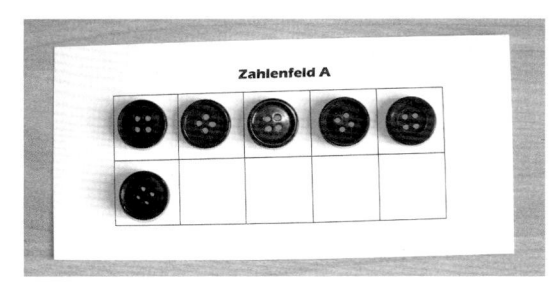

Variante 2: Verwenden Sie das Zahlenfeld A oder B von der Vorlage 1. Legen Sie bis zu zehn Plättchen (Knöpfe, Steine ...) auf das Zahlenfeld. Ihr Kind soll kurz auf das Zahlenfeld schauen und möglichst schnell – ohne zu zählen – die Anzahl nennen.

- Starten Sie zunächst mit wenigen Plättchen.
- Nutzen Sie beide Varianten der Zahlenfelder.
- Zeigen Sie dem Kind die Fünferstruktur: „Das sind sechs Plättchen, oben fünf und darunter eins."

Variante 3: Zeigen Sie Ihrem Kind Ihre Finger. Das Kind soll möglichst schnell – ohne zu zählen – die Anzahl nennen. Beginnen Sie zunächst mit einer Hand (Zahlen bis 5).

Muster legen

Sie benötigen das Feld „Muster legen" der Vorlage 1 und Plättchen (Knöpfe, Steine ...). Legen Sie gemeinsam mit Ihrem Kind Muster: Welche Muster kann man mit fünf Plättchen legen? Welche mit sechs? Bei welchen Mustern erkennt man sofort, wie viele Plättchen es sind?

Zahlen und Mengen bis 10 – Anregungen zum Üben für zu Hause

> ! Das Kind soll die Zahlen bis 10 üben.
> Das Kind soll die Mengen üben.
> Üben Sie gemeinsam.

Zahlen üben

Schreiben Sie die Zahlen auf.
Das Kind legt Sachen dazu.

Zahl-Reihe

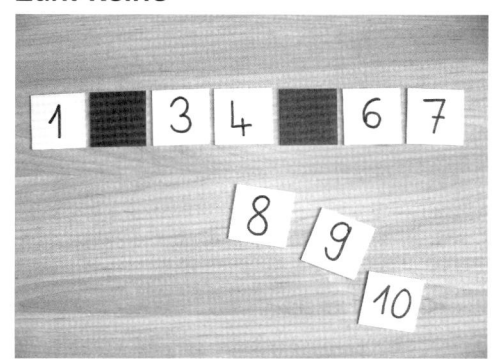

Das Kind soll die Zahlen ordnen.
Sie drehen eine Zahl um.
Das Kind sagt die Zahl.

Zahlen-Feld

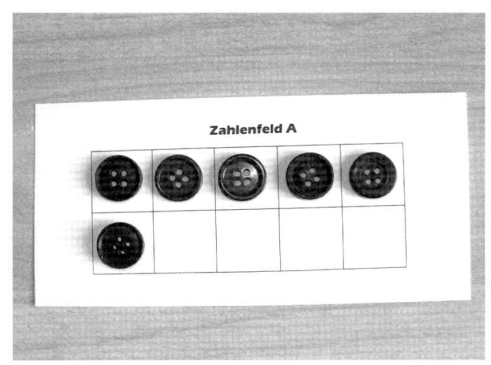

Sie brauchen Knöpfe.
Und das Zahlen-Feld A oder B.
Sie legen Knöpfe auf das Feld.
Das Kind sagt die Zahl.

Zählen

Das Kind soll viel zählen:
Teller, Enten, Fenster …

Schnell gucken

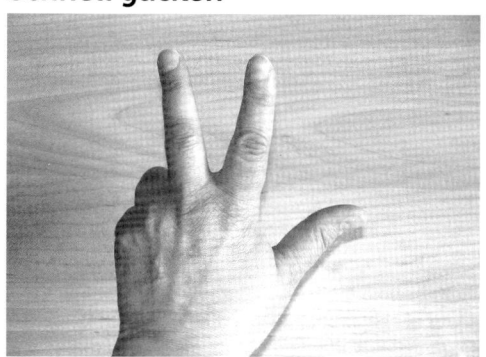

Sie zeigen Finger.
Das Kind sagt die Zahl.

Muster legen

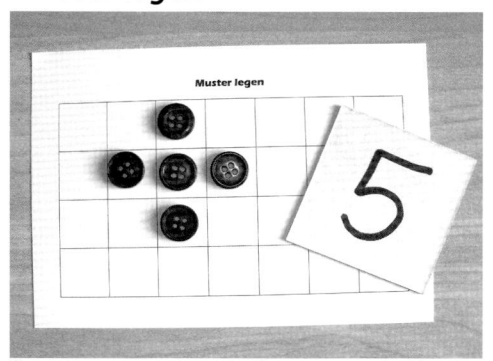

Das Kind legt Muster auf die Vorlage.
Mit fünf Knöpfen.
Oder mit anderen Zahlen.

Zahlzerlegungen bis 10 – Ideen zum Üben für zu Hause

> Zahlen können „zerlegt" werden, das heißt, dass ein „Ganzes" aus zwei (oder mehreren) „Teilen" besteht. So kann man zum Beispiel die „5" in „2 + 3", in „4 + 1" oder in „5 + 0" zerlegen.
> Die Zahlzerlegungen der Zahlen bis 10 sind elementar für den gesamten Mathematikunterricht. Bitte üben Sie mit Ihrem Kind diese Zahlzerlegungen.

Plättchen zerlegen

Legen Sie zum Beispiel vier Plättchen (Knöpfe, Steine, Bonbons ...) in eine Reihe. Zerlegen Sie nun die Plättchen mit einem Stift oder Lineal. Das Kind nennt die zugehörige Zerlegung:
„Es sind vier. Du zerlegst sie in 3 + 1."

- Zeigen Sie unterschiedliche Zerlegungen.
- Üben Sie mit einer Zahl so häufig, bis das Kind nicht mehr lange überlegen oder zählen muss.
- Starten Sie mit drei Plättchen und steigern Sie bis zur Zehn.

Für Fortgeschrittene: Legen Sie zum Beispiel vier Plättchen in eine Reihe und decken Sie einige ab. Das Kind soll die abgedeckte Menge nennen: „Es sind vier. Ich sehe drei, dann ist ein Plättchen verdeckt."

Bausteine

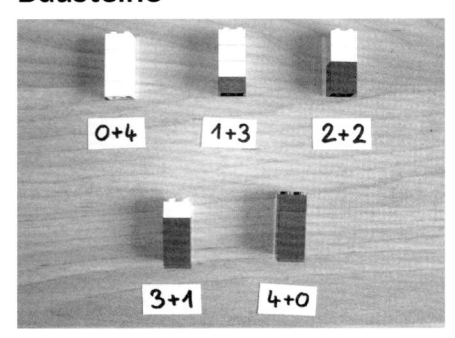

Nutzen Sie Bausteine zur Matheförderung, indem Sie mit Ihrem Kind Türme aus zwei verschiedenen Farben bauen. Welche Varianten gibt es? Bauen Sie zunächst Dreiertürme, dann Vierertürme ... bis hin zum Zehnerturm.
Schreiben Sie die gefundenen Zahlzerlegungen auf.

Zahlen raten

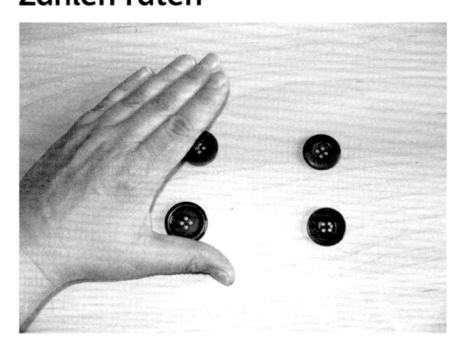

Legen Sie zum Beispiel vier Plättchen (Knöpfe, Steine ...) auf den Tisch. Nun dreht sich das Kind um und Sie nehmen einige Plättchen weg. Das Kind darf wieder schauen und soll raten, wie viele Sie in der Hand haben: „Es waren vier Plättchen. Jetzt liegen noch zwei da. Du hast zwei weggenommen."
Viel Spaß macht es Kindern, wenn sie selbst Plättchen wegnehmen dürfen und die Eltern raten!

Fingerbilder

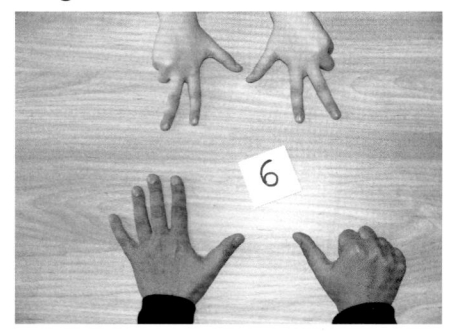

Zeigen Sie Ihrem Kind eine gewisse Anzahl an Fingern mit beiden Händen. Es soll möglichst schnell – ohne zu zählen – die Gesamtzahl sowie die „Teilzahlen" nennen:
„Du zeigst sechs. Mit einer Hand vier und mit der anderen zwei. Also 4 + 2."
Finden Sie gemeinsam unterschiedliche Möglichkeiten, wie man die Zahlen zeigen kann.

Version A

Zahlzerlegungen bis 10 – Ideen zum Üben für zu Hause

> Eine Zahl kann man zerlegen.
> Zum Beispiel:
> 5 kann man in 2 + 3 zerlegen.
> Oder in 4 + 1.
> Das muss Ihr Kind üben.

Knöpfe

Es liegen Knöpfe.
Sie legen den Stift dazwischen.
Das Kind sagt die Aufgabe: 3+1.
Legen Sie den Stift auch
an eine andere Stelle.
Das Kind sagt die Aufgabe.

Bausteine

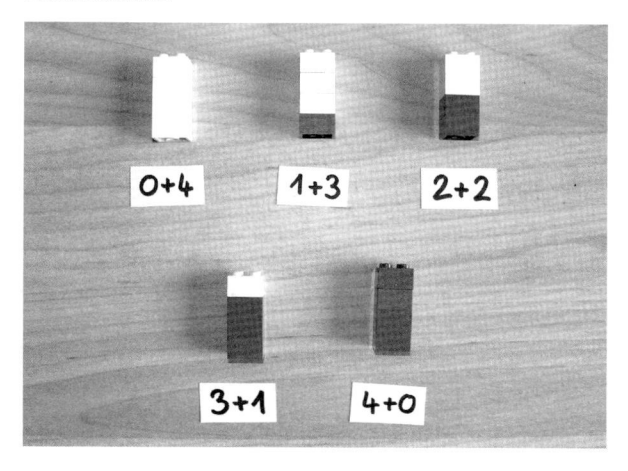

Sie brauchen Bausteine
mit zwei Farben.
Das Kind baut Türme zu einer Zahl
und schreibt die Aufgaben.

Zahlen raten

Es liegen Knöpfe.
Das Kind sagt die Zahl.
Sie nehmen einige Knöpfe weg.
Das Kind muss raten,
wie viele in Ihrer Hand sind.

Finger

Sie zeigen Finger.
Das Kind sagt die Zahl.
Das Kind soll auch Finger zeigen.
Finden Sie viele Möglichkeiten.

Version B

Rechnen bis 10 – Möglichkeiten zum Üben für zu Hause

> Das Beherrschen der Plus- und Minusaufgaben bis 10 ist elementar für den gesamten Mathematikunterricht. Dafür brauchen Kinder viele Erfahrungen mit konkreten Situationen und Materialien. Das Ziel ist es, dass Ihr Kind sich vom „zählenden Rechnen" löst und stattdessen eine Mengenvorstellung aufbaut und Rechenstrategien anwendet.

Plus- und Minusgeschichten
Finden Sie Rechengeschichten im Alltag, um das Verständnis von „plus" und „minus" zu üben:
„Auf dem Teich sind fünf Enten. Schau, zwei fliegen noch dazu. Wie viele sind es jetzt? Welche Rechenaufgabe kann man dazu finden?" (5 + 2)
„Vier Teller stehen auf dem Tisch. Papa räumt seinen weg. Wie viele bleiben übrig? Ist das eine Plus- oder Minusaufgabe?" (4 – 1)

Aufgaben legen

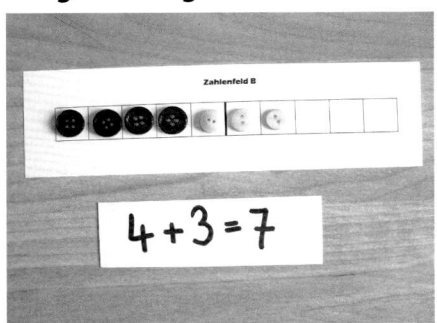

Nutzen Sie die Vorlage 1 mit den Zahlenfeldern A oder B und lassen Sie das Kind Aufgaben legen: „Es liegen vier Knöpfe. Drei legen wir dazu. Zusammen sind es sieben."

- Üben Sie mit Ihrem Kind, wie es sich am Zahlenfeld ohne Zählen orientieren kann. Nutzen Sie dabei die Fünfer- und Zehnerstruktur.
- Schieben Sie bei Minusaufgaben die Knöpfe nur vom Zahlenfeld herunter, sodass sie sichtbar bleiben.

Manche Kinder strengt das „Aufgaben legen" sehr an. Sie empfinden das „Abzählen" als einfacher und viel schneller. Vielleicht werden diese motiviert, wenn sie mit Nüssen (Schokolinsen, Gummibärchen …) rechnen und sie anschließend essen dürfen?

Rechenstrategien
Üben Sie mit Ihrem Kind Rechenstrategien und Zusammenhänge zwischen Aufgaben:

- <u>Tauschaufgaben:</u>   3 + 2 ist das Gleiche wie 2 + 3.
- <u>Nachbaraufgaben:</u> „Du weißt, dass 3 + 3 = 6 ist. Was ist dann 3 + 4?"
- <u>Umkehraufgaben:</u>   „Wir haben 5 + 2 gelegt. Das ist 7. Was passiert, wenn ich die 2 wieder wegnehme? Dann heißt die Aufgabe 7 – 2 = 5."
- <u>Aufgabenfamilien:</u>
  Immer vier Aufgaben gehören zusammen. Aus den Zahlen 3, 4 und 7 kann ich folgende Aufgaben machen:
  3 + 4 = 7, 4 + 3 = 7, 7 – 3 = 4 und 7 – 4 = 3.
  Legen Sie dazu die Aufgaben mit Material und zeigen Sie die Zusammenhänge.

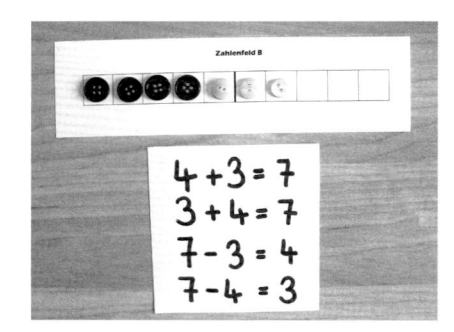

Kreatives Üben
Häufiges Üben wird schnell langweilig. Werden Sie kreativ:

- Basteln Sie ein Memory: Schreiben Sie auf eine Karte die Aufgabe, auf die andere das Ergebnis.
- Üben Sie unterwegs Kopfrechnen: auf Autofahrten, beim Warten auf den Bus …
- Bauen Sie einen Parcours durch die Wohnung. Zwischendurch gibt es „Rechenstationen", an denen Ihr Kind Kopfrechenaufgaben lösen soll. Vielleicht macht ein Freund mit?
- Hängen Sie schwierige Aufgaben mit Ergebnis groß in der Wohnung auf. Dadurch kann sich Ihr Kind die Aufgaben einprägen, z. B. beim Zähneputzen oder Essen …

Version A (+ Vorlage 1)

Rechnen bis 10 – Möglichkeiten zum Üben für zu Hause

> ! Plus und minus bis 10 ist wichtig.
> Das muss Ihr Kind üben.
> Üben Sie gemeinsam.

Plus-Geschichten

Finden Sie Geschichten mit Plus-Aufgaben.

Zum Beispiel:
fünf Bonbons plus zwei Bonbons.

Minus-Geschichten

Finden Sie Geschichten mit Minus-Aufgaben.

Zum Beispiel:
vier Teller minus ein Teller.

Plus-Aufgaben legen

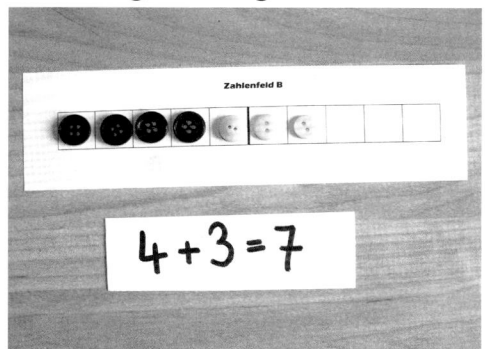

Sie brauchen das Zahlen-Feld B.
Das Kind legt die Aufgabe.
Vier Knöpfe plus drei Knöpfe.
Das sind sieben Knöpfe.

Minus-Aufgaben legen

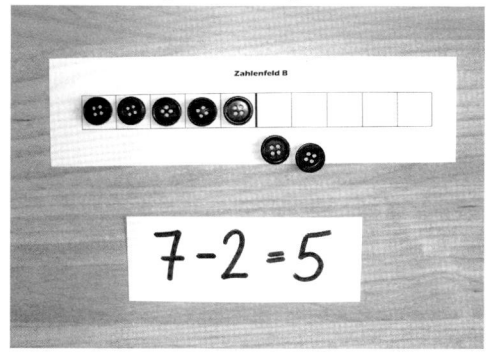

Sie brauchen das Zahlen-Feld B.
Das Kind legt die Aufgabe.
Sieben Knöpfe minus zwei Knöpfe.
Fünf Knöpfe bleiben.

Rechen-Tricks üben

- Tausch-Aufgaben: „3 + 2" = „2 + 3"
- Nachbar-Aufgaben: „3 + 3 = 6". Was ist „3 + 4"?
- Umkehr-Aufgaben: „5 + 2 = 7". Was ist „7 – 2"?
- Aufgaben-Familien: Immer vier Aufgaben gehören zusammen.

Version B (+ Vorlage 1)

Zahlen und Mengen bis 20 – Anregungen zum Üben für zu Hause

> Zum Üben der Zahlen bis 20 ist es wichtig, dass Ihr Kind die „Zehnerbündelung" versteht:
> Die 13 besteht aus der Menge 10 und der Menge 3. Sie besteht aus einem Zehner und drei Einern.
> Sprechen Sie die Zahlen besonders deutlich und betont: DREI-ZEHN.

Zehnerpäckchen

Legen Sie eine gewisse Anzahl Perlen (Bohnen, Bügelperlen, Büroklammern, Gummibärchen …) auf den Tisch und lassen Sie Ihr Kind zählen. Legen Sie anschließend zehn Stück in eine kleine Schale. Jetzt kann man besser erkennen, wie viele es sind: „In der Schale sind zehn. Daneben liegen drei. Zusammen sind es dreizehn." Legen Sie so gemeinsam verschiedene Mengen.

Zauberkarten

Schneiden Sie die Zahlenkarten der Vorlage 2 aus und zeigen Sie Ihrem Kind einen „Zaubertrick": Wie wird aus der 10 und der 3 eine 13? Hokuspokus – indem die 3 auf die Null der 10 gelegt wird! Durch diesen simplen Trick verstehen Kinder, dass hinter der Zahl 13 nicht die 1 und die 3 stehen, sondern eine 10 und eine 3. Lassen Sie Ihr Kind verschiedene Zahlen „zaubern": „Ich zaubere die 15 aus der 10 und der 5!"

Zehnerstäbe

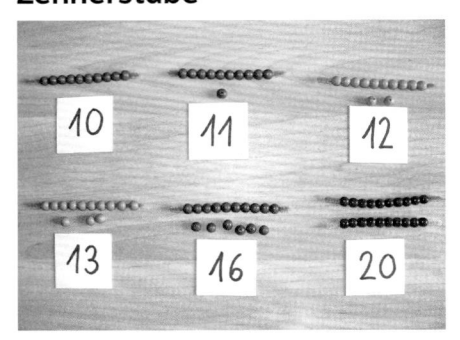

Aus Pfeifenputzern und Perlen lassen sich Zehnerstäbe basteln. Legen Sie mit Ihrem Kind daraus doch einmal alle Zahlen bis zur 20!
Sprechen Sie so:
„Für die Dreizehn brauchen wir eine Zehn und drei Einzelne."
„Wir brauchen einen Zehner und drei Einer."

Zahlenreihe

Schreiben Sie die Zahlen bis 20 auf kleine Zettel/Karten. Ihr Kind soll diese in die richtige Reihenfolge bringen. Drehen Sie nun eine Zahl um oder decken Sie diese ab, zum Beispiel mit einem kleinen Kuscheltier. Ihr Kind nennt die abgedeckte Zahl. Machen Sie Ihr Kind auf die Reihenfolge von Buchseiten oder auch Hausnummern aufmerksam: „Nach der 14 kommt die 15."

Blitzblick

Variante 1: Verwenden Sie das Zwanzigerfeld von der Vorlage 2. Legen Sie bis zu zwanzig Plättchen (Knöpfe, Steine …) auf das Zahlenfeld. Ihr Kind soll kurz auf das Zahlenfeld schauen und möglichst schnell – ohne zu zählen – die Anzahl nennen.
Zeigen Sie dem Kind die Struktur: „Oben sind immer zehn."
TIPP: Kleben Sie zehn Knöpfe auf die Zehnerstreifen (Vorlage 2). Dieser kann dann als Ganzes auf das Feld gelegt werden!

Variante 2: Zeigen Sie eine Zahl mit Ihren Fingern: Zuerst eine „Zehn" (beide Hände) und dann zum Beispiel eine „Sieben". Das Kind soll möglichst schnell – ohne zu zählen – die Anzahl nennen. Sie können auch gemeinsam mit Ihrem Kind Zahlen mit den Fingern zeigen.

Zahlen und Mengen bis 20 – Anregungen zum Üben für zu Hause

> **Das ist wichtig:**
> Aus der 10 und der 3 wird eine 13.
> Aus der 10 und der 5 wird eine 15.
> Das muss Ihr Kind üben.

Immer zehn

10 Knöpfe kommen in eine Schale.
Das Kind soll die Zahl sagen:
10 und 3, das sind 13.

Zaubern

Eine Karte hat die 10.
Eine Karte hat die 3.
Hokuspokus! Es ist eine 13!

Zahl-Reihe

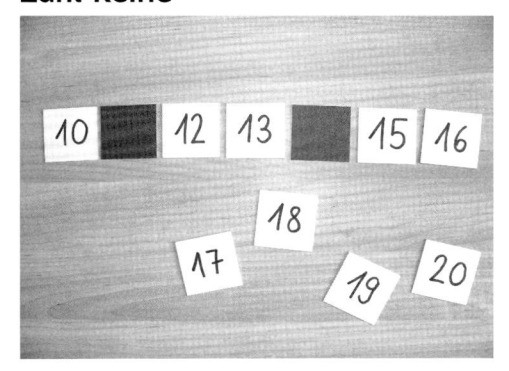

Das Kind soll die Zahlen ordnen.
Sie drehen eine Zahl um.
Das Kind sagt die Zahl.

Zehner-Stäbe

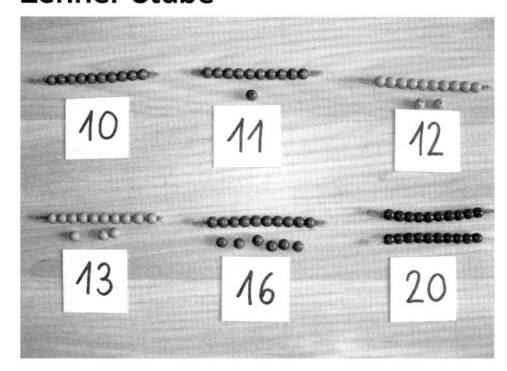

Basteln Sie Zehner-Stäbe
mit Perlen und Pfeifen-Putzern.
Das Kind legt die Zahlen.

Zahlen-Feld

Sie brauchen das Zwanziger-Feld.
Sie legen Knöpfe auf das Feld.
Das Kind sagt die Zahl.

Finger

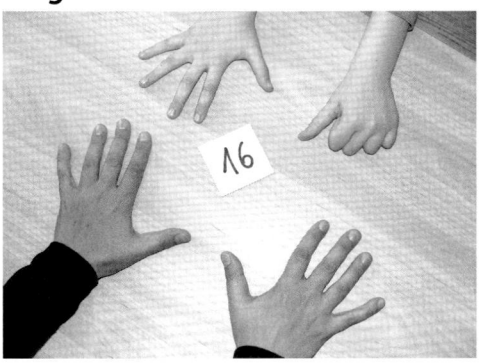

Sie zeigen gemeinsam eine Zahl
mit den Fingern.

Version B (+ Vorlage 2)

Rechnen bis 20 – Hinweise zum Üben für zu Hause (1)

> Das Üben mit Legematerial ist von elementarer Bedeutung, damit Ihr Kind eine Mengenvorstellung entwickelt und Aufgaben besser versteht. Dafür eignen sich Legeplättchen aus der Schule, aber zum Beispiel auch Knöpfe oder Perlen. Die Zahlen von 10 bis 20 bestehen immer aus einem Zehner und Einern. Zehner können Sie basteln, indem Sie zehn Perlen auf ein Stück Pfeifenputzer stecken oder zehn Knöpfe auf die Zehnerstreifen (Vorlage 2) kleben. Achtung: Die 20 besteht aus zwei Zehnern!

Aufgaben zum Zahlaufbau

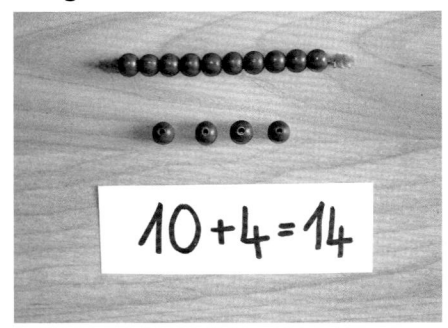

Üben Sie zunächst Aufgaben mit der Zehn wie 10 + 4 oder 10 + 6. Weiterführend üben Sie die Umkehraufgaben dazu, zum Beispiel 17 – 7.

Das Kind soll dabei begreifen, dass die Zahl aus einem Zehner und Einern besteht. Aufgaben dieser Art braucht man nicht „rechnen" und schon gar nicht „abzählen". Durch Legen mit Material sieht und versteht Ihr Kind diese Aufgaben besser.

Aufgaben legen

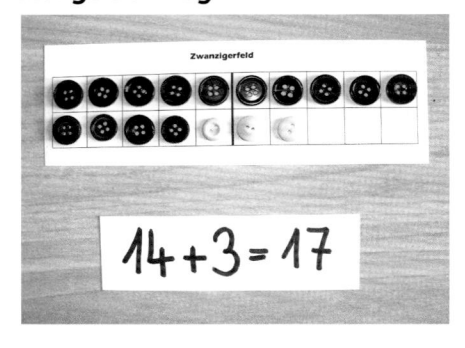

Nutzen Sie die Vorlage 2 (Zwanzigerfeld) und lassen Sie das Kind Aufgaben legen: „Es liegen vierzehn Knöpfe. Drei legen wir dazu. Zusammen sind es siebzehn."
- Üben Sie mit Ihrem Kind, wie es sich am Zahlenfeld ohne Zählen orientieren kann. Nutzen Sie dabei die Fünfer- und Zehnerstruktur.
- Schieben Sie bei Minusaufgaben die Knöpfe nur vom Zahlenfeld herunter, sodass sie sichtbar bleiben.

Große und kleine Aufgabe

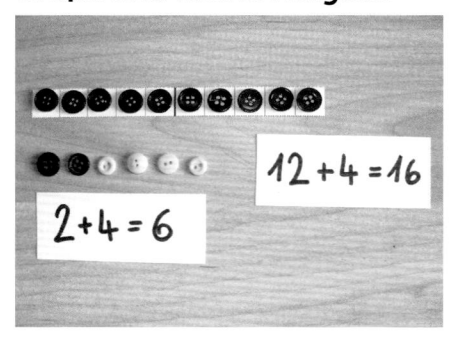

Zeigen Sie Ihrem Kind Zusammenhänge zwischen den Aufgaben:

Bei 12 + 4 steckt die kleine Aufgabe 2 + 4 drin. Nur ein Zehner ist dazugekommen. Das Gleiche gilt für 17 – 5. Die kleine Aufgabe 7 – 5 kann Ihr Kind sicher schnell rechnen.

Üben Sie große und kleine Aufgaben und lassen Sie Ihr Kind diese mit Material legen.

Verdoppeln und Halbieren

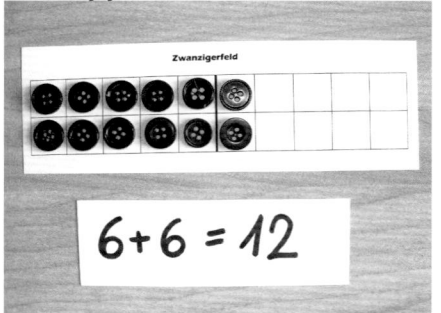

Üben Sie mit Ihrem Kind Aufgaben zum Verdoppeln und Halbieren:
„Das Doppelte von 6 ist 12."
„Die Hälfte von 14 ist 7."
Legen Sie gemeinsam die Aufgaben mit Material. Am Zwanzigerfeld kann sichtbar gemacht werden, was „das Doppelte" oder „die Hälfte" bedeutet.

Rechnen bis 20 – Hinweise zum Üben für zu Hause (1)

Rechenstrategien
Üben Sie mit Ihrem Kind Rechenstrategien und Zusammenhänge zwischen Aufgaben:
- <u>Tauschaufgaben:</u>   13 + 2 ist das Gleiche wie 2 + 13.
- <u>Nachbaraufgaben:</u>   „Du weißt, dass 6 + 6 = 12 ist. Was ist dann 6 + 7?"
- <u>Umkehraufgaben:</u>   „Wir haben 15 + 2 gelegt. Das ist 17. Was passiert, wenn ich die 2 wieder wegnehme? Dann heißt die Aufgabe 17 – 2 = 15."
- <u>Aufgabenfamilien:</u>
  Immer vier Aufgaben gehören zusammen. Aus den Zahlen 12, 4 und 16 kann ich folgende Aufgaben machen:
  12 + 4 = 16, 4 + 12 = 16, 16 – 12 = 4 und 16 – 4 = 12.
  Legen Sie dazu die Aufgaben mit Material und zeigen Sie die Zusammenhänge.

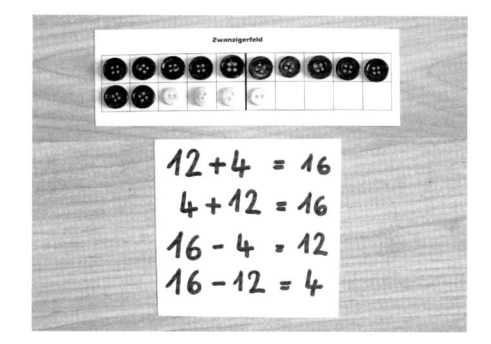

Zehnerübergang
Zehnerübergang bedeutet, dass Aufgaben „über den Zehner" gehen, zum Beispiel bei 7 + 5 oder 13 – 7. Häufig wird dabei die „Zehner-Stopp"-Methode angewendet. Um diese Strategie zu verstehen, ist es wichtig, dass Ihr Kind das Zwanzigerfeld und Legematerial nutzt:

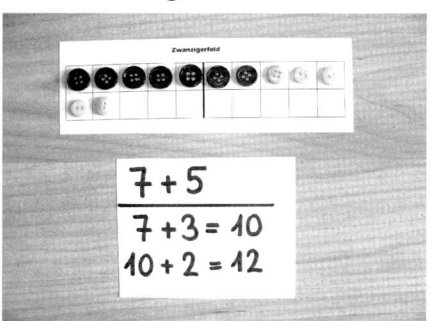

- Die Aufgabe heißt **7 + 5**.
- Zuerst werden 7 Knöpfe in die obere Reihe gelegt.
- 5 Knöpfe sollen noch dazukommen.
- Es passen aber nur 3 Knöpfe in die obere Reihe. Hier ist unser Zehner-Stopp: **7 + 3 = 10**.
- Die verbliebenen zwei Knöpfe müssen in die zweite Reihe gelegt werden, also **10 + 2 = 12**.

Auch Minusaufgaben mit Zehnerübergang sind am Zwanzigerfeld besser zu verstehen:

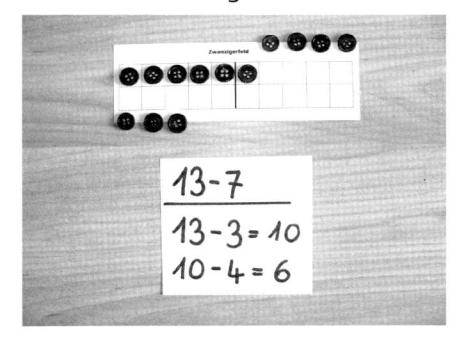

- Die Aufgabe heißt **13 – 7**.
- Es liegen 13 Knöpfe: 10 oben und 3 unten.
- 7 sollen weggenommen werden.
- Zunächst werden die 3 Knöpfe aus der unteren Reihe weggeschoben. Hier ist wieder der Zehner-Stopp: **13 – 3 = 10**.
- Im zweiten Schritt werden die restlichen 4 Knöpfe aus der oberen Reihe weggenommen:
  10 – 4 = 6.

<u>Wichtig:</u> Schauen Sie in die Schulsachen Ihres Kindes. Meist werden unterschiedliche Strategien für den Zehnerübergang geübt. Probieren Sie mit Ihrem Kind aus, welche es am leichtesten versteht und anwenden kann.

Kreatives Üben
Häufiges Üben wird schnell langweilig. Werden Sie kreativ:
- Basteln Sie ein Memory: Schreiben Sie auf eine Karte die Aufgabe, auf die andere das Ergebnis.
- Üben Sie unterwegs Kopfrechnen: auf Autofahrten, beim Warten auf den Bus …
- Bauen Sie einen Parcours durch die Wohnung. Zwischendurch gibt es „Rechenstationen", an denen Ihr Kind Kopfrechenaufgaben lösen soll. Vielleicht macht ein Freund mit?
- Hängen Sie schwierige Aufgaben mit Ergebnis groß in der Wohnung auf. Dadurch kann sich Ihr Kind die Aufgaben einprägen, z. B. beim Zähneputzen oder Essen.

Rechnen bis 20 – Hinweise zum Üben für zu Hause (1)

Ihr Kind soll Plus- und Minusaufgaben bis 20 üben.
Perlen oder Knöpfe helfen beim Rechnen.
Ihr Kind kann basteln:
Zehn Perlen auf einen Pfeifen-Putzer.
Oder zehn Knöpfe aufkleben.
Das nennt man **Zehner**.

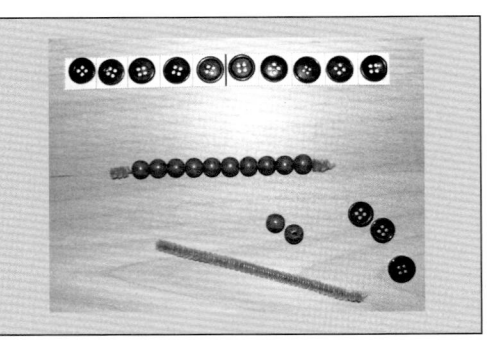

Aufgaben mit der 10

Sie legen Aufgaben mit der 10:
zum Beispiel 10 + 4 oder 10 + 6.
Ihr Kind sagt die Aufgabe.
Ihr Kind schreibt die Aufgabe.

Zahlen-Feld

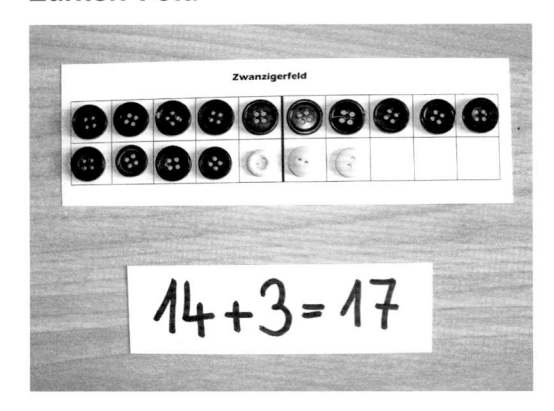

Sie brauchen das Zahlen-Feld.
Sie sagen eine Aufgabe.
Das Kind legt die Aufgabe:
zum Beispiel 14 + 3.
14 Knöpfe plus 3 Knöpfe.
Das sind 17 Knöpfe.
Üben Sie auch minus.

Große und kleine Aufgabe

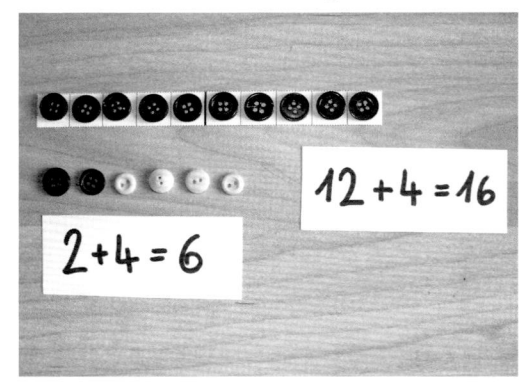

Das ist die kleine Aufgabe: 3 + 4.
Das ist die große Aufgabe: 13 + 4.
Beide Aufgaben sind fast gleich.
Bei der großen Aufgabe kommt
eine 10 dazu.
Üben Sie auch minus:
zum Beispiel 7 – 5 und 17 – 5.

Zwei gleiche Zahlen

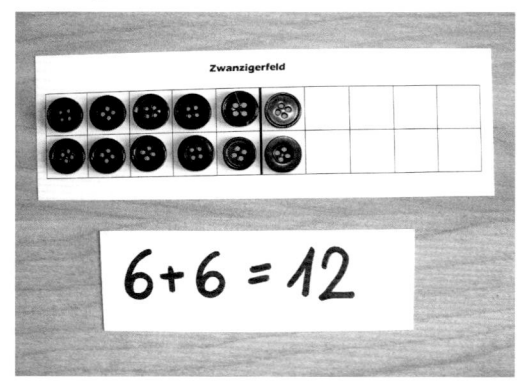

Zwei Zahlen sind gleich.
Die Aufgaben soll Ihr Kind üben:
6 + 6 = 12   7 + 7 = 14
8 + 8 = 16   9 + 9 = 18
    10 + 10 = 20
Man sagt so:
12 ist **das Doppelte** von 6.
6 ist **die Hälfte** von 12.

Rechnen bis 20 – Hinweise zum Üben für zu Hause (2)

Rechen-Tricks üben

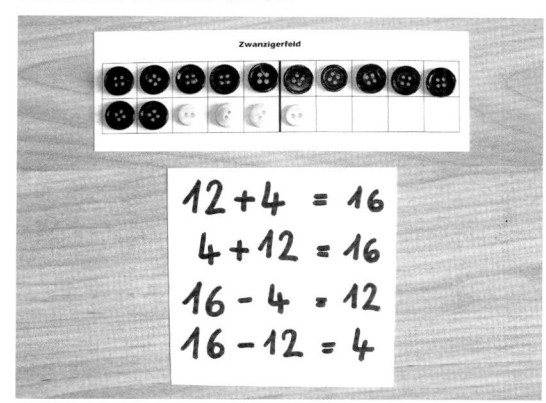

- Tausch-Aufgaben: 13 + 2 = 2 + 13
- Nachbar-Aufgaben: 6 + 6 = 12. Was ist 6 + 7?
- Umkehr-Aufgaben: 15 + 2 = 17. Was ist 17 − 2?
- Aufgaben-Familien: Immer vier Aufgaben gehören zusammen.

> Einige Aufgaben soll Ihr Kind mit Zehner-Stopp rechnen.
> Zum Beispiel 7 + 5 und 8 + 6.
> Oder 13 − 7 und 12 − 4.
> In der Schule heißt das Zehner-Übergang.

So soll das Kind rechnen:

Zehner-Stopp mit plus

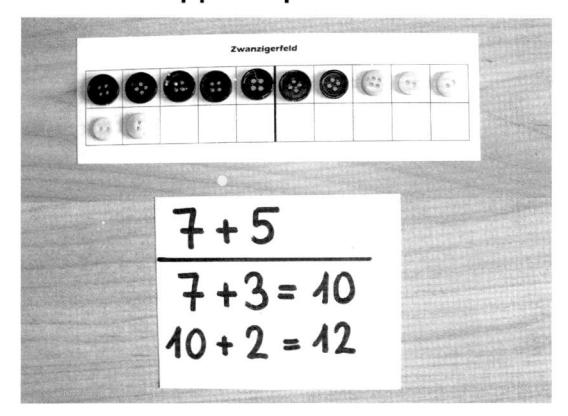

Die Aufgabe ist 7 + 5.
7 Knöpfe plus 5 Knöpfe.
7 Knöpfe liegen oben.
3 Knöpfe passen noch rein.
Das sind dann 10.
7 + 3 = 10
2 Knöpfe fehlen noch.
2 Knöpfe kommen nach unten.
Das sind dann 12.
10 + 2 = 12

Zehner-Stopp mit minus

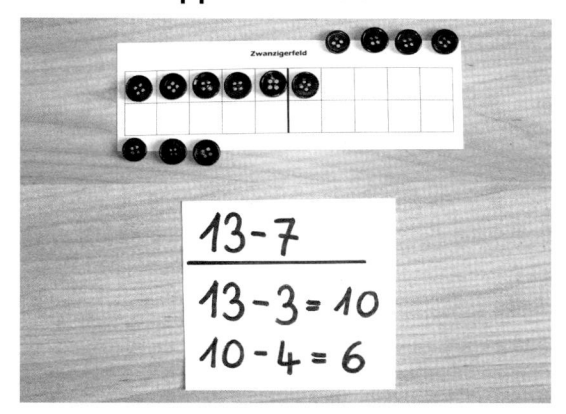

Die Aufgabe ist **13 − 7**.
Das Kind legt die 13.
10 Knöpfe liegen oben.
3 Knöpfe liegen unten.
7 Knöpfe sollen weg.
Das Kind nimmt unten 3 Knöpfe weg.
Dann sind es noch 10.
13 − 3 = 10
4 Knöpfe sollen noch weg.
Das Kind nimmt oben 4 Knöpfe weg.
Das sind dann 6 Knöpfe.
10 − 4 = 6

Zahlen und Mengen bis 100 – Ideen zum Üben für zu Hause

> Zum Üben der Zahlen bis 100 ist es wichtig, dass Ihr Kind die „Zehnerbündelung" versteht: Die 43 besteht der 40 und der 3. Aus der 40 können vier Zehner „gebündelt" werden. Die 43 besteht also aus 4 Zehnern und 3 Einern. Sprechen Sie besonders deutlich und betont: DREI-UND-VIERZIG. So lernt Ihr Kind zu hören, dass sich in der Zahl eine „Vierzig" und keine „Dreißig" verbirgt.

Zehnerpäckchen

Legen Sie eine gewisse Anzahl Perlen (Bohnen, Bügelperlen, Büroklammern, Gummibärchen ...) auf den Tisch und lassen Sie Ihr Kind zunächst schätzen, wie viele es sind. Anschließend wird gezählt. Ihr Kind wird merken, wie schwierig es ist, den Überblick zu behalten und sich nicht zu verzählen. Zeigen Sie Ihrem Kind den „Zehnertrick": Immer zehn Stück bilden ein Zehnerhäufchen. Nun kann die Menge besser überblickt und die Anzahl erkannt werden: „Es liegen 4 Zehnerhäufchen und 3 Einzelne. Vier Zehnerhäufchen sind 40. 40 plus 3 sind 43." Legen Sie so gemeinsam verschiedene Mengen.

Zauberkarten

Schneiden Sie die Zahlenkarten der Vorlage 3 aus und zeigen Sie Ihrem Kind einen „Zaubertrick": Wie wird aus der 40 und der 3 eine 43? Hokuspokus – indem die 3 auf die Null der 40 gelegt wird! Durch diesen simplen Trick verstehen Kinder, dass hinter der Zahl 43 nicht die 4 und die 3 stehen, sondern eine 40 und eine 3. Lassen Sie Ihr Kind verschiedene Zahlen „zaubern":
„Ich zaubere aus der 70 und der 5 ... eine 75!"

Zahlreihe

Schreiben Sie die Zahlen bis 100 auf kleine Zettel/Karten. Ihr Kind soll diese in die richtige Reihenfolge bringen. Drehen Sie nun eine Zahl um oder decken Sie diese ab, zum Beispiel mit einem kleinen Kuscheltier. Ihr Kind nennt die abgedeckte Zahl. Machen Sie Ihr Kind auf die Reihenfolge von Buchseiten oder auch Hausnummern aufmerksam: „Nach der 64 kommt die 65."

Zehnerstäbe

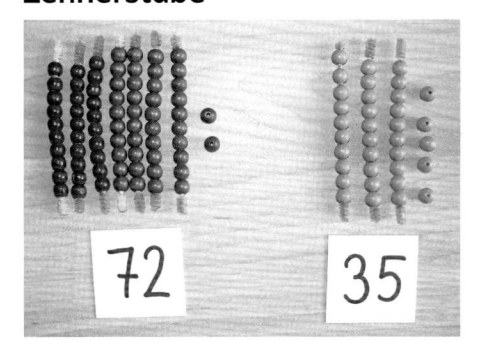

Aus Pfeifenputzern und Perlen lassen sich Zehnerstäbe basteln. Legen Sie mit Ihrem Kind daraus verschiedene Zahlen bis zur 100. Sprechen Sie so:
„Für die 72 brauchen wir sieben Zehner und zwei Einer."

Blitzblick

<u>Variante 1</u>: Legen Sie mit den Perlen und den Zehnerstäben eine Menge. Ihr Kind soll möglichst schnell – ohne zu zählen – die Anzahl nennen.
<u>Variante 2</u>: Zeigen Sie eine Zahl mit Ihren Fingern: Zuerst drei mal die „Zehn" (mit beiden Händen) und dann eine „Sieben". Das Kind soll möglichst schnell – ohne zu zählen – die Anzahl nennen.
<u>Variante 3</u>: Legen Sie Knöpfe (Bohnen, Plättchen, Schokolinsen ...) auf das Hunderterfeld der Vorlage 4. Ihr Kind soll schnell auf einen Blick die Anzahl nennen. Zeigen Sie die Zehnerstruktur: „Immer zehn in einer Reihe. Zwei Reihen sind zwanzig!"

Zahlen und Mengen bis 100 – Ideen zum Üben für zu Hause

Das ist wichtig:
43 sind 40 und 3.
Das sind 4 Zehner und 3 Einer.

Immer zehn

Es liegen Knöpfe.
Immer zehn liegen zusammen.
40 und 3, das sind 43.

Zahl-Reihe

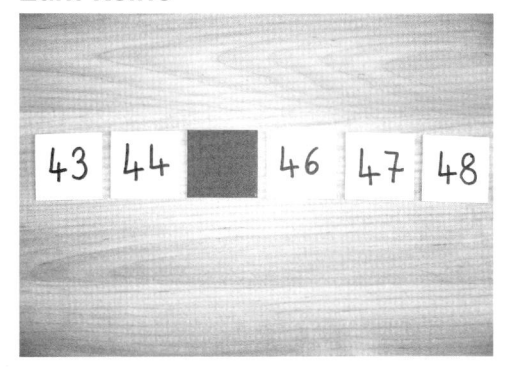

Das Kind soll die Zahlen ordnen.
Sie drehen eine Zahl um.
Das Kind sagt die Zahl.

Schnell gucken

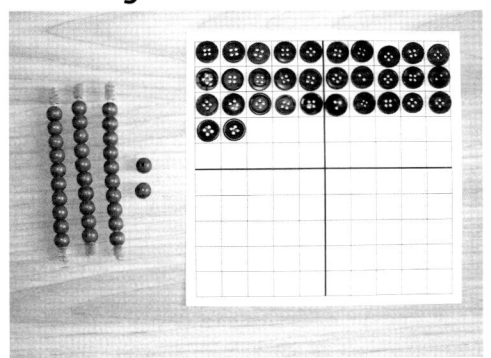

Sie legen eine Zahl mit Perlen.
Oder Sie legen Knöpfe
auf das Hunderter-Feld.
Das Kind sagt die Zahl schnell.

Zehner-Stäbe

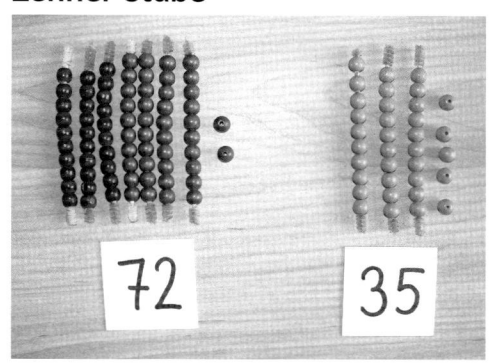

Basteln Sie Zehner-Stäbe.
aus Perlen und Pfeifen-Putzern.
Sagen Sie so:
72 sind 7 Zehner und 2 Einer.

Zaubern

Eine Karte hat die 40.
Eine Karte hat die 3.
Hokuspokus! Es ist eine 43!

Finger

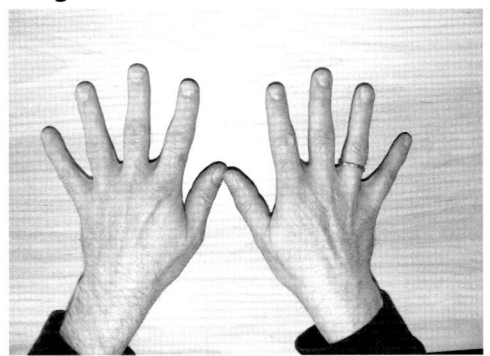

Sie zeigen Zahlen mit Fingern.
Sie zeigen 3-mal die 10.
Und dann die 7.
Das Kind sagt die 37.

Version B (+ Vorlagen 3 und 4)

Rechnen bis 100 – Hinweise zum Üben für zu Hause (1)

> Das Üben mit Legematerial ist von elementarer Bedeutung, damit Ihr Kind eine Mengenvorstellung entwickelt und Aufgaben besser versteht. Dafür eignet sich Legematerial aus der Schule, aber auch Perlen und Pfeifenputzer. Die Zahlen von 10 bis 100 bestehen aus Zehnern und Einern. Zehner können Sie basteln, indem Sie jeweils zehn Perlen auf ein Stück Pfeifenputzer stecken.

Aufgaben mit Zehnern

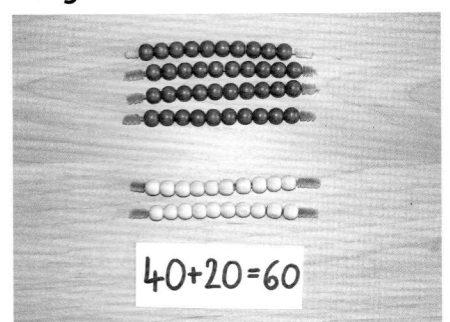

Üben Sie zunächst Aufgaben nur mit Zehnern. Lassen Sie dazu Ihr Kind die Aufgaben mit Legematerial legen:
40 + 20 = 60 oder 70 - 30 = 40.
Zeigen Sie Ihrem Kind Parallelen zu den schon bekannten Aufgaben im Bereich bis 10: 4 + 2 = 6.
4 Zehner plus 2 Zehner gleich 6 Zehner.

Zehner und Einer

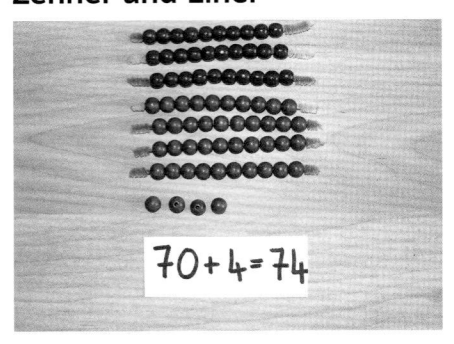

Legen Sie Aufgaben mit ganzen Zehnern und Einern wie 70 + 4 oder 30 + 6. Das Kind soll dabei begreifen, dass die Zahlen aus Zehnern und Einern bestehen. Aufgaben dieser Art braucht man nicht „rechnen" und schon gar nicht „abzählen". Durch Legen mit Material sieht und versteht Ihr Kind diese Aufgaben besser.
Im zweiten Schritt legen Sie gemeinsam die Umkehraufgaben dazu: 36 – 6 = 30. Auch diese Aufgabe erschließt sich direkt beim Legen mit Material.

Aufgaben legen

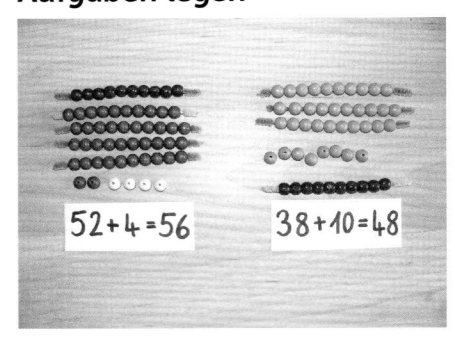

Lassen Sie Ihr Kind Aufgaben legen: „Es liegen zweiundfünfzig. Vier lege ich dazu. Zusammen sind es sechsundfünfzig."

- Besprechen Sie gemeinsam, was bei der Aufgabe passiert: Muss ich Einer dazulegen? Oder Zehner? Muss ich Einer wegnehmen oder Zehner?
- Schieben Sie bei Minusaufgaben das Material nur etwas weg, sodass es sichtbar bleibt.
- Üben Sie zunächst ohne Zehnerübergang.

TIPP: Nutzen Sie das Legematerial auch bei den Hausaufgaben!

Große und kleine Aufgabe

Zeigen Sie Ihrem Kind Zusammenhänge zwischen den Aufgaben: Bei 63 + 4 steckt die kleine Aufgabe 3 + 4 drin. Die sechs Zehner bleiben unberührt. Das Gleiche gilt zum Beispiel für 47 – 5. Die kleine Aufgabe 7 – 5 kann Ihr Kind sicher schnell rechnen.
Üben Sie große und kleine Aufgaben und lassen Sie Ihr Kind diese mit Material legen.

Rechnen bis 100 – Hinweise zum Üben für zu Hause (2)

Zehnerübergang

Zehnerübergang bedeutet, dass Aufgaben „über den Zehner" gehen, zum Beispiel bei 27 + 5 oder 43 – 7. Häufig wird dabei die „Zehner-Stopp"-Methode angewendet. Um diese Strategie zu verstehen, kann zur Verdeutlichung das Hunderterfeld von der Vorlage 4 sowie Plättchen oder Knöpfe genutzt werden.

- Die Aufgabe heißt **27 + 5**.
- Zuerst wird die 27 gelegt, dazu werden 2 volle Zehnerreihen und noch 7 gelegt.
- 5 Plättchen sollen noch dazukommen.
- Es passen aber nur noch 3 Plättchen in die Reihe. Hier ist unser Zehner-Stopp: **27 + 3 = 30**.
- Die verbliebenen zwei Plättchen müssen in die nächste Reihe gelegt werden, also **30 + 2 = 32**.

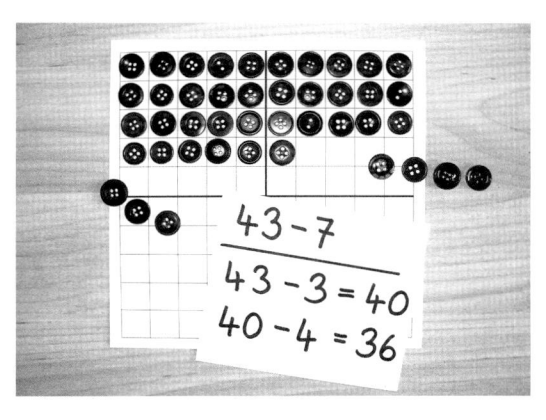

Auch Minusaufgaben mit Zehnerübergang sind am Hunderterfeld besser zu verstehen:

- Die Aufgabe heißt **43 – 7**.
- Es werde zunächst 43 Plättchen gelegt: 4 volle Zehnerreihen und noch 3.
- 7 sollen weggenommen werden.
- Zunächst werden die 3 Plättchen aus der untersten Reihe weggeschoben. Hier ist wieder der Zehner-Stopp: **43 – 3 = 40**.
- Im zweiten Schritt werden die restlichen 4 Knöpfe aus der vollen Zehnerreihe weggenommen: **40 – 4 = 36**.

<u>Wichtig:</u> Schauen Sie in die Schulsachen Ihres Kindes. Meist werden unterschiedliche Strategien für den Zehnerübergang geübt. Probieren Sie mit Ihrem Kind aus, welche es am leichtesten versteht und anwenden kann.

Kreatives Üben

Häufiges Üben wird schnell langweilig. Werden Sie kreativ:

- Basteln Sie ein Memory: Schreiben Sie auf eine Karte die Aufgabe, auf die andere das Ergebnis.
- Üben Sie unterwegs Kopfrechnen: auf Autofahrten, beim Warten auf den Bus ...
- Bauen Sie einen Parcours durch die Wohnung. Zwischendurch gibt es „Rechenstationen", an denen Ihr Kind Kopfrechenaufgaben lösen soll. Vielleicht macht ein Freund mit?
- Stellen Sie Kettenaufgaben: erst 43 plus 5, dann minus 6, anschließend plus 10. Lassen Sie Ihrem Kind zwischendurch genug Zeit zum Rechnen.
- Denken Sie sich gemeinsam Rechengeschichten aus:
  „In deiner Spardose sind 24 Euro. Oma hat dir heute noch 5 Euro geschenkt."
  „In der Tüte sind 35 Bonbons. Tom hat schon sieben gegessen."

Rechnen bis 100 – Hinweise zum Üben für zu Hause (1)

Ihr Kind soll Plus- und Minusaufgaben bis 100 üben.
Perlen helfen beim Rechnen.
Das Kind kann basteln:
Immer zehn Perlen auf einen Pfeifen-Putzer.
Das nennt man **Zehner**.

Aufgaben mit Zehnern

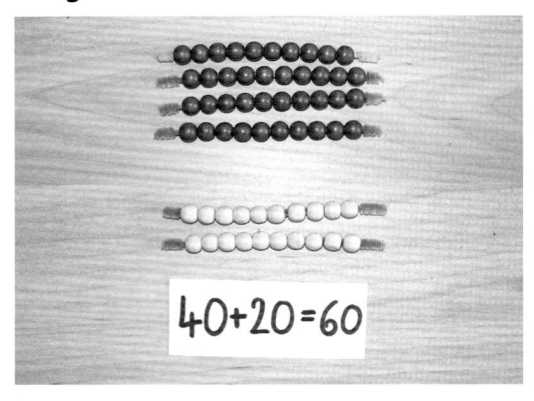

40 + 20 = 60

Ihr Kind soll mit Zehnern rechnen.
Zum Beispiel 40 + 20 oder 70 – 30.
Ihr Kind legt die Aufgabe.
Ihr Kind schreibt die Aufgabe.

Zehner und Einer

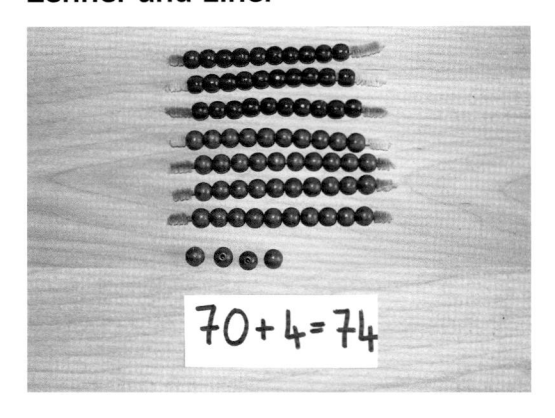

70 + 4 = 74

Sie legen Zehner und Einer.
Ihr Kind sagt die Aufgabe.
Ihr Kind schreibt die Aufgabe.

Aufgaben legen

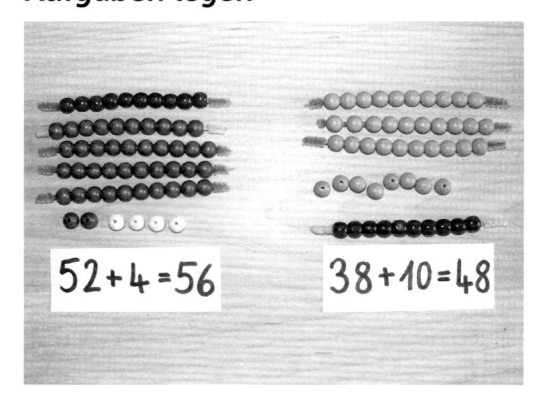

52 + 4 = 56   38 + 10 = 48

Ihr Kind soll Aufgaben legen.
Zum Üben.
Und bei den Hausaufgaben.
Man sagt so:
Es liegen 52.
4 lege ich dazu.
Zusammen sind es 56.
Üben Sie plus und minus.

Große und kleine Aufgabe

63 + 4 = 67
3 + 4 = 7

Das ist die kleine Aufgabe: 3 + 4.
Das ist die große Aufgabe: 63 + 4.
Nur die Einer sind wichtig.
Die Zehner bleiben gleich.
Üben Sie auch minus.
Zum Beispiel 7 – 5 und 47 – 5.

Rechnen bis 100 – Hinweise zum Üben für zu Hause (2)

> Einige Aufgaben soll Ihr Kind mit Zehner-Stopp rechnen.
> Zum Beispiel 27 + 5 und 38 + 6.
> Oder 43 – 7 und 82 – 4.
> In der Schule heißt das Zehner-Übergang.
>
> Sie brauchen Knöpfe oder Plättchen.
> Und das Hunderter-Feld.

So rechnet Ihr Kind mit Zehner-Stopp:

Aufgaben mit Zehnern

Die Aufgabe ist **27 + 5**.
27 Knöpfe plus 5 Knöpfe.

27 Knöpfe liegen auf dem Feld.

3 Knöpfe passen noch in die Reihe.
Das sind dann 30.
27 + 3 = 30

2 Knöpfe fehlen noch.
2 Knöpfe kommen nach unten.
Das sind dann 32.
30 + 2 = 32

Zehner und Einer

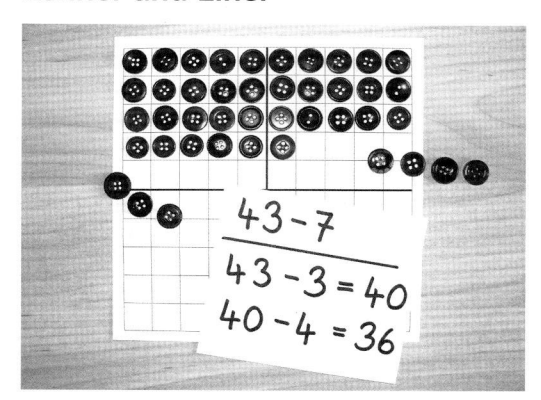

Die Aufgabe ist **43 – 7**.
Das Kind legt 40 Knöpfe
und 3 Knöpfe.
7 Knöpfe sollen weg.

Das Kind nimmt unten 3 Knöpfe weg.
Dann sind es noch 40.
43 – 3 = 40

4 Knöpfe sollen noch weg.
Das Kind nimmt 4 Knöpfe weg.
Das sind dann 36 Knöpfe.
40 – 4 = 36

Einmaleins – Hinweise und Ideen zum Üben für zu Hause (1)

> Beim Verinnerlichen der Einmaleinsaufgaben ist regelmäßiges Üben von elementarer Bedeutung. Fördern Sie eine positive Lernatmosphäre und vermeiden Sie Streit und Zwang.
> Eine tägliche kurze Übungszeit von ca. 10 Minuten ist zudem sinnvoller als einmal pro Woche eine ganze Stunde.

Verständnis für „Mal"

Geben Sie Ihrem Kind Aufgaben, die das Verständnis für den Malbegriff fördern:

- Hüpfe **7-mal** in die Luft.
- Laufe **3-mal** die Treppe hoch und runter.
- Gehe **3-mal** in die Küche und hole **2** Äpfel (Aufgabe: 3 mal 2).
- Gehe **4-mal** in den Keller und hole **eine** Flasche (Aufgabe: 4 mal 1).

Malaufgaben zum Anschauen

Legen Sie gemeinsam Malaufgaben mit Alltagmaterialien:

- 4 mal 3 Bonbons
- 8 mal 2 Socken
- 2 mal 4 Stifte

Schauen Sie sich im Alltag um. Wo kann man Malaufgaben finden (beim Einkaufen, in der Natur, in der Stadt, in der Wohnung ...)?

Malaufgaben am Hunderterfeld

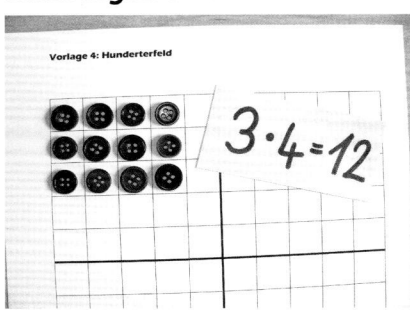

Legen Sie mit Knöpfen (Plättchen, Glassteinen, Schokolinsen ...) Malaufgaben am Hunderterfeld (Vorlage 4).
Für die Aufgabe 3 · 4 legen Sie in die erste Reihe vier Knöpfe, dann in die zweite und in die dritte. Zeigen Sie Ihrem Kind auch die Tauschaufgabe: Wenn man von oben nach unten schaut, heißt die Aufgabe 4 · 3.

Einmaleinsreihen legen

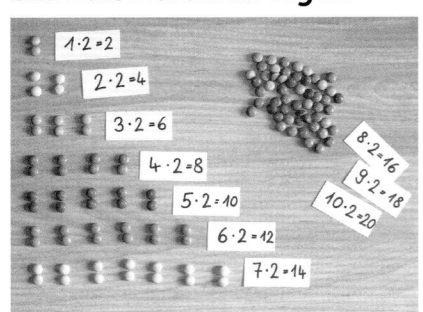

Legen Sie eine Einmaleinsreihe mit Materialien (Bausteine, Perlen, Nüsse, Bonbons ...) und schreiben Sie die passenden Aufgaben dazu.
Schauen Sie in die Schulsachen Ihres Kindes, welche Einmaleinsreihe Ihr Kind gerade lernt oder schon gelernt hat.

Ergebnisse erschließen

In der Phase der Erlernes der Einmaleinsreihe hilft die Strategie der „Kernaufgaben". Die Kernaufgaben einer Einmaleinsreihe sind die Aufgaben 1-mal, 2-mal, 5-mal und 10-mal. Dies sind die wichtigsten Aufgaben, die Ihr Kind auswendig können muss!
Darauf aufbauend kann es sich Aufgaben erschließen, zum Beispiel 6 · 3:
Das Kind weiß, dass 5 · 3 = 15. 6 · 3 sind dann noch drei mehr, also 15 + 3 = 18.

Einmaleins – Hinweise und Ideen zum Üben für zu Hause (2)

Einmaleinsreihen automatisieren

Nach der Erarbeitung der Reihen folgt die Automatisierung. Das Ziel ist, dass Ihr Kind möglichst schnell die Ergebnisse der Einmaleinsaufgaben auswendig weiß und nennen kann. Dazu ist vielfältige und möglichst tägliche Übung notwendig. Folgende Anregungen machen das Üben abwechslungsreich:

- Wählen Sie eine „Einmaleinsreihe der Woche" und üben Sie nur die Aufgaben dieser Reihe.
- Lassen Sie Ihr Kind die Malreihe hüpfen, zum Beispiel auf Fliesen oder Wegplatten: Auf der ersten Platte steht die Aufgabe $1 \cdot 6 = 6$, auf der zweite Platte $2 \cdot 6 = 12$. So geht es weiter bis zur 10. Ihr Kind hüpft die Reihe ab und nennt laut die Aufgabe mit Ergebnis. Schafft Ihr Kind die Reihe auch ohne sichtbare Aufgaben? Vielleicht auch rückwärts? Oder in Zweierschritten?
- Hängen Sie schwierige Aufgaben mit Ergebnis groß in der Wohnung auf. Dadurch kann sich Ihr Kind die Aufgaben einprägen, zum Beispiel beim Zähneputzen oder Essen.
- Basteln Sie ein Memory: Schreiben Sie auf eine Karte die Aufgabe, auf die andere das Ergebnis.
- Üben Sie unterwegs Kopfrechnen: auf Autofahrten, beim Warten auf den Bus …
- Bauen Sie einen Parcours durch die Wohnung. Zwischendurch gibt es „Rechenstationen", an denen Ihr Kind Malaufgaben lösen soll. Vielleicht macht ein Freund mit?

Geteiltaufgaben

Mathematisch wird zwischen zwei Aspekten des Teilens unterschieden:
Das „Verteilen" kennt ihr Kind sicher schon aus dem Alltag.
„Ich möchte acht Bonbons an vier Kinder verteilen."
„Die zwanzig Karten werden an fünf Mitspieler verteilt."
Die Anzahl der Teilmengen ist hier vorgegeben. Gesucht ist die Größe der Teilmengen.
Das „Aufteilen" ist die zweite konkrete Vorstellung des Geteiltrechnens:
„Wir haben dreißig Kekse. Immer fünf kommen in eine Tüte."
„Auf der Feier sind achtzehn Kinder. Immer sechs Kinder passen in ein Boot."
Die Größe der Teilmengen ist hier vorgegeben. Gesucht ist die Anzahl der Teilmengen.
Werden Sie kreativ: Legen Sie gemeinsam mit dem Kind die Aufgaben mit Material, stellen Sie eine Situation mit Spielfiguren dar oder malen Sie diese auf.

Mal und Geteilt

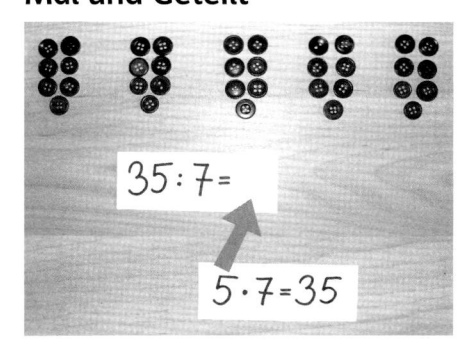

Wenn Ihr Kind die Malaufgaben gut beherrscht, kann es diese nutzen, um Geteiltaufgaben zu lösen.
Die Aufgabe $35 : 7$ kann man einfach lösen, wenn man weiß, dass $5 \cdot 7 = 35$ ist. Die Malaufgabe ist die „Umkehraufgabe" der Geteiltaufgabe.
Aufgabenfamilien: Immer vier Aufgaben gehören zusammen. Aus den Zahlen 35, 7 und 5 kann ich folgende Aufgaben machen: $5 \cdot 7 = 35$, $7 \cdot 5 = 35$, $35 : 5 = 7$ und $35 : 7 = 5$.
Legen Sie dazu die Aufgaben auch mit Material und zeigen Sie die Zusammenhänge.

Version A

Einmaleins – Hinweise und Ideen zum Üben für zu Hause (1)

> **Wichtig:**
> Ihr Kind muss das Einmaleins üben.
> Üben Sie gemeinsam jeden Tag 10 Minuten.

Bonbons

Legen Sie eine Mal-Aufgabe mit Bonbons.
Das Kind sagt die Aufgabe.
Das Kind schreibt die Aufgabe.

Mal-Reihe

Das Kind soll eine Reihe legen.
Zum Beispiel die Zweier-Reihe.
Das Kind schreibt die Aufgaben.

Mal-Reihe hüpfen

Das Kind schreibt alle Aufgaben von einer Mal-Reihe.
Das Kind hüpft und sagt die Aufgabe.

Hunderter-Feld

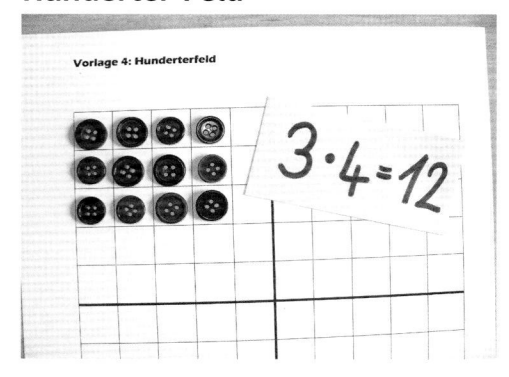

Sie brauchen das Hunderter-Feld.
Legen Sie eine Mal-Aufgabe mit Knöpfen.
Das Kind sagt die Aufgabe.

Wichtige Aufgaben

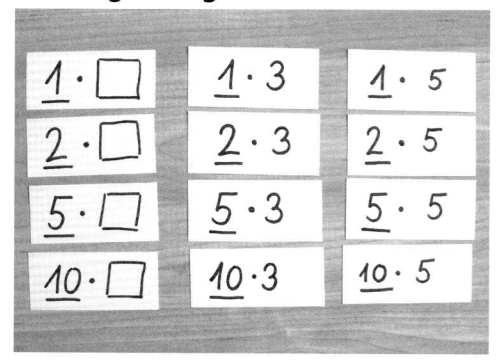

Diese Aufgaben sind sehr wichtig für alle Mal-Reihen:
1-mal, 2-mal, 5-mal und 10-mal.

Schwierige Aufgaben

Eine Aufgabe ist schwierig.
Diese Aufgabe hängt am Spiegel.
Dann kann das Kind sie sich merken.

Version A (+ Vorlage 4)

Einmaleins – Hinweise und Ideen zum Üben für zu Hause (2)

Memory

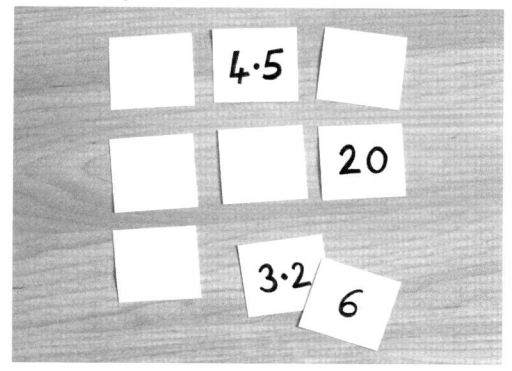

Basteln Sie ein Memory
mit Mal-Aufgaben.
Spielen Sie gemeinsam.

Geteilt

Das Kind soll Geteilt-Aufgaben rechnen.
Legen Sie die Aufgabe.
Zum Beispiel mit Bonbons.
Oder mit Knöpfen.

Mal und geteilt

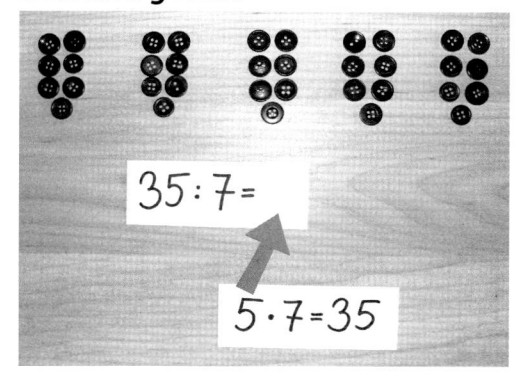

Mal-Aufgaben sind wichtig
für Geteilt-Aufgaben.
Dann sind Geteilt-Aufgaben leicht.

Aufgabenfamilien

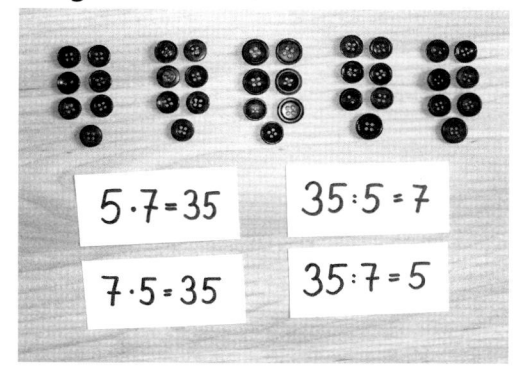

Immer vier Aufgaben gehören
zusammen.
Mit Knöpfen ist das leichter.

TIPP:
Üben Sie Kopf-Rechnen im Bus.
Oder im Auto.
Oder beim Laufen.
Oder im Wartezimmer beim Arzt.

Vorlage 1: Üben bis zur 10

Zahlenfeld A

Zahlenfeld B

Muster legen

Vorlage 2: Üben bis zur 20

Zwanzigerfeld

Zehnerstreifen zum Ausschneiden

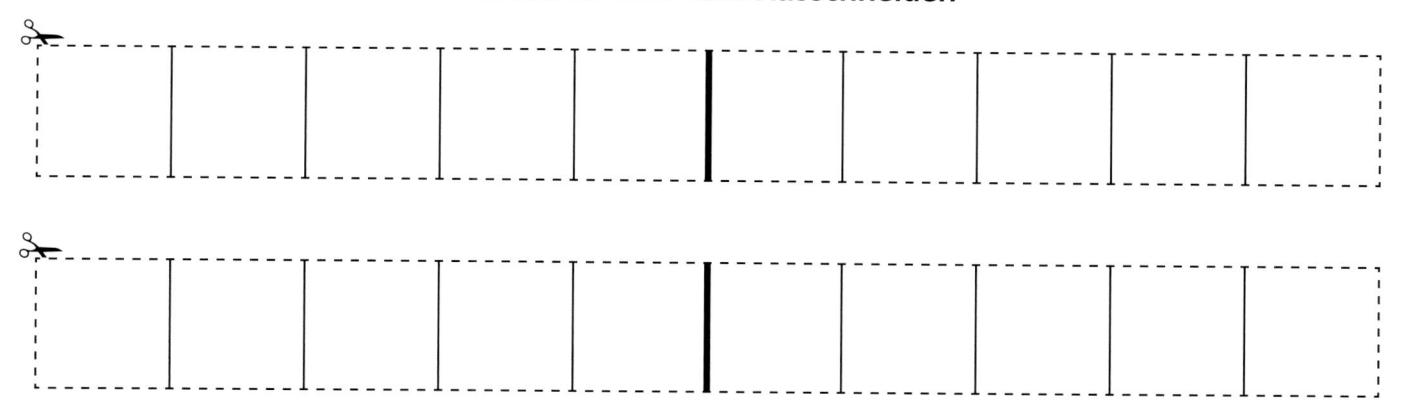

Zahlenkarten für „Zaubertrick"

1	0	1	2
3	4	5	6
7	8	9	

Vorlage 3: Üben bis zur 100

Zahlenkarten für „Zaubertrick"

1	0	2	0
3	0	4	0
5	0	6	0
7	0	8	0
9	0	1	2
3	4	5	6
7	8	9	

Vorlage 4: Hunderterfeld

Alle Unterrichtsmaterialien
der Verlage Auer, AOL-Verlag und PERSEN

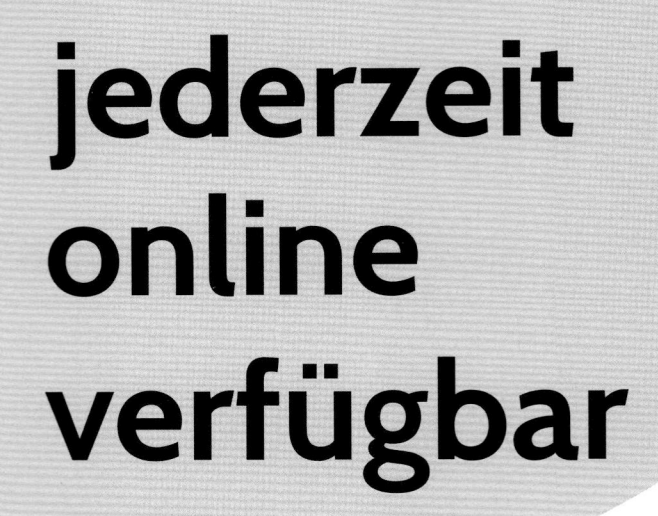

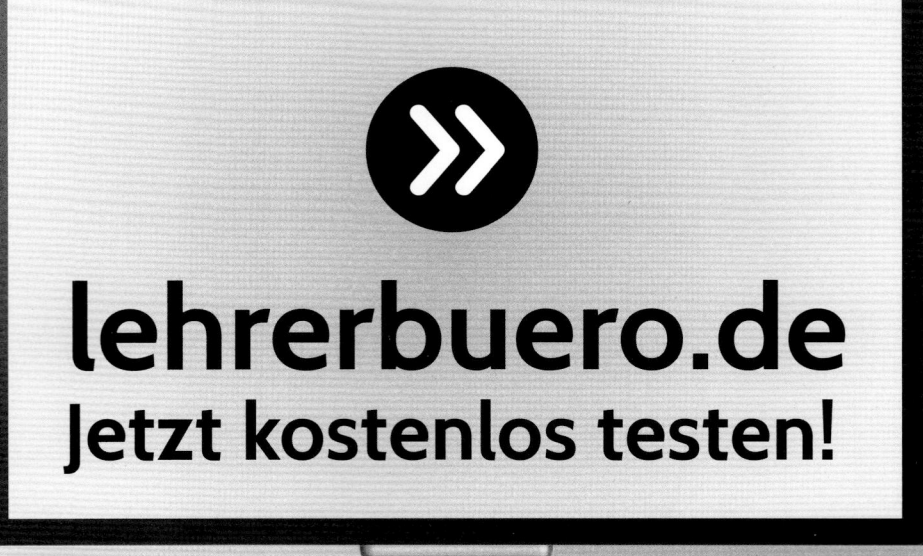

jederzeit online verfügbar

lehrerbuero.de
Jetzt kostenlos testen!

» **lehrerbüro**
Das **Online-Portal** für Unterricht und Schulalltag!